Sauerkraut

Rezept	Seite	Kalorien/Portion	Gelingt leicht	Gut vorzubereiten	Braucht etwas Zeit	Für Gäste	Spezialität	Vegetarisch	Preiswert	Kalorienarm
Rohkostsalat mit Trauben und Nüssen	6	270	●					●		●
Kim-chi-Salat	6	170	●	●	●		●			●
Sauerkrautsalat mit Garnelen	8	460				●	●			
Sauerkrautsalat mit Geflügelleber	9	280	●			●				●
Schnelle Sauerkrautsuppe	10	259	●	●					●	●
Exotische Sauerkraut-Honigsuppe	10	190	●	●		●	●	●		●
Sauerkrautsuppe mit Fisch	12	560	●			●				
Sauerkraut-Wurstsuppe	13	370	●	●					●	●
Kleine Sauerkrautpizzen	14	390			●	●	●			●
Überbackene Sauerkrauttoasts	16	540	●			●			●	
Sauerkrautflan im Gemüsebett	16	440			●	●		●		●
Gefüllte Paprikaschoten	18	450		●	●		●	●		
Gefüllte Kartoffeln	20	600			●				●	
Gefüllte Weinblätter	20	430	●	●	●	●	●	●		●
Gefüllte rote Bete	21	440			●	●	●			●
Gefüllte Äpfel	21	500	●		●				●	
Sauerkraut–Pilz–Rösti	22	430	●			●			●	●
Sauerkrautquiche	22	700	●		●	●			●	
Sauerkraut-Heilbutt-Auflauf	26	520	●						●	
Böhmischer Sauerkrautkarpfen	27	840	●		●		●			
Würziger Hackbratenkranz	28	770		●	●	●	●			
Sauerkrauthaschee	30	520	●	●	●		●		●	
Hackfleischauflauf	30	810	●		●				●	
Gefüllte Knödel	31	600				●	●		●	

GU Rezept

Rezept	Seite	Kalorien/Portion	Gelingt leicht	Gut vorzubereiten	Braucht etwas Zeit	Für Gäste	Spezialität	Vegetarisch	Preiswert	Kalorienarm
Gefüllte Pfannkuchen	31	540	●	●	●				●	
Szegediner Gulasch	32	860	●	●	●	●	●		●	
Straßburger Sauerkrautplatte	32	640	●	●	●	●	●			
Sauerkrautrouladen	34	390		●	●				●	●
Gebratene Pilze	34	770	●			●		●		
Krautkrapfen	36	640	●		●	●			●	
Thüringer Wurstauflauf	38	890	●	●	●		●		●	
Schwäbische Krautspätzle	38	430		●			●		●	●
Sauerkraut-Schinken-Pastete	40	920			●	●				
Gänsebrust mit Mangosauerkraut	44	840			●	●	●			
Nudeln mit fritiertem Sauerkraut	45	860			●	●	●	●		
Russische Sauerkrautpiroggen	46	640			●	●				
Blutwurstravioli mit Rote-Bete-Kraut	46	540		●	●	●	●		●	
Kleine Strudel auf Paprikasauce	48	550			●	●	●			
Muschelpfanne mit Chilikraut	50	320			●		●			●
Fischcurry mit Ananaskraut	51	510	●			●				
Zanderklößchen mit zweierlei Kraut	52	300			●	●	●			●
Hechtfilets auf Champagnerkraut	54	900	●			●	●			
Sächsischer Lachsauflauf	55	850	●			●	●			
West-Östliches-Hähnchen	56	620	●		●					
Putenschnitzel mit Feigenweinkraut	56	490	●			●				
Kirchweihgans mit Quittensauerkraut	58	1350			●	●	●			
Fasan auf Traminerkraut	60	700			●	●	●			
Gefülltes Perlhuhn mit Apfelkraut	60	750	●		●	●	●			

Wegweiser

Salate, Suppen & Co.

Haben Sie schon einmal frisches Sauerkraut aus dem Krautfaß, einfach so auf einem Markt, aus der Hand gegessen? Es passiert sicher nicht oft, aber die köstlich erfrischende Säure und das knackige Kauen sind Ihnen hoffentlich in guter Erinnerung geblieben? Gelegentlich sollten Sie sich diesen Genuß gönnen – natürlich nicht gleich pfundweise! Denn zuviel des Guten kann sich unangenehm auswirken. Nicht umsonst wird Sauerkraut auch »Darmbesen« genannt, denn die natürliche Anregung der Verdauung durch die Milchsäurebakterien, zusammen mit den Ballaststoffen, sind ein »durchschlagendes« Team.

Lieber mäßig aber regelmäßig

Wer mindestens zweimal in der Woche ein paar Gabeln rohes Sauerkraut ißt, kann das Risiko einer Darmerkrankung erheblich vermindern. Die Milchsäurebakterien im rohen Sauerkraut unterstützen nämlich unser Immunsystem: Bestimmte Enzyme, die nachgewiesen krebsauslösende Substanzen produzieren, werden von den günstigen Bakterien gebunden und unschädlich gemacht.
Sauerkraut ist ein kalorienarmer, entschlackender, schlankmachender Vitaminspender. Wußten Sie, daß in einem Pfund Sauerkraut nur etwa 80 Kalorien stecken? Wer Wert auf eine gesunde Ernährung legt und auf die schlanke Linie achtet, hat Sauerkraut bestimmt schon für sich entdeckt.

Das steckt in 100 g Sauerkraut:

20 mg Vitamin A

288 mg Kalium

20 mg Vitamin C

48 mg Calcium

16 kcal

14 mg Magnesium

Sauerkraut: eine Vitamin-C-Bombe

100 g Sauerkraut enthalten 20 mg Vitamin C und decken somit 40% des Tagesbedarfs. Die Vitamine A, B_1, B_2, B_6 und K stärken die Immunabwehr und Widerstandskraft, vor allem gegen Erkältungskrankheiten. Gerade im Winter ist rohes Sauerkraut ein wichtiger Vitaminspender. Und die vier Mineralstoffe Kalium, Calcium, Magnesium und Eisen sind für die Aufrechterhaltung verschiedener Körperfunktionen unentbehrlich.

Wertvoll: Sauerkrautsaft

Sauerkrautsaft (gepreßt aus dem frischen Sauerkraut) gibt es in allen Reformhäusern und Saftoder Diätregalen der Supermärkte. Dreimal täglich ein Gläschen vor dem Essen hilft gegen Frühjahrsmüdigkeit und fördert durch seine durchschlagende Wirkung die Verdauung.
Mixen Sie sich der Gesundheit zuliebe doch öfter einmal einen Vitamin-Cocktail, mit Sauerkrautsaft als Basis.

Fitneß-Drink
1/2 kleingeschnittene Banane
5 cl Sauerkrautsaft
5 cl Karottensaft
5 cl Multivitaminsaft
Banane und Säfte kurz im Mixer aufrühren und in ein Glas füllen.

Mineralstoffspender
6 cl Sauerkrautsaft
4 cl Rote-Bete-Saft
8 cl Ananassaft
Die Säfte im Shaker durchschütteln und in ein Longdrinkglas füllen.

Energie-Cocktail
2 cl Sauerkrautsaft
8 cl Tomatensaft
1 ganz frisches Eigelb
2–3 Spritzer Sojasauce
1 Prise Selleriesalz
1 TL gehackter Dill
Die Säfte mit dem Eigelb und den Gewürzen durchmixen. In eine Sekt- oder Cocktailschale gießen und mit dem Dill verrühren.

Etwas Besonderes: die Sauerkraut-Diät

Wer schon einmal »lustvoll« eine Sauerkraut-Diät gemacht hat, weiß, wie der Körper durch die Kombination von Milchsäure, Enzymen, Vitaminen, Mineralstoffen und Ballaststoffen reagiert.

Sauerkraut
• entgiftet die Zellen
• baut Stoffwechselschlacken ab
• mobilisiert die Abwehrkräfte
• stärkt Herz und Nerven
• hilft bei Magenbeschwerden
• bremst die Verkalkung der Arterien und Blutgefäße
• steigert Energie und Ausdauer
• macht die Haut frischer und reiner
• hilft beim Abnehmen, es macht angenehm satt, und durch den niedrigen Kaloriengehalt purzeln die Pfunde.

Von links nach rechts:
**Fitneß-Drink,
Mineralstoffspender,
Energie-Cocktail**

Rohkostsalat mit Trauben und Nüssen

- Vegetarisch
- Kalorienarm

Für 4 Personen:

150 g blaue Weintrauben
150 g weiße kernlose Weintrauben
200 g Zucchini
Salz
300 g frisches Sauerkraut
1/2 TL mittelscharfer Senf
1 EL Weißweinessig
2 Prisen Cayennepfeffer
1 TL Zucker
4 EL Macadamianußöl
50 g geröstete Macadamia-Nüsse
weißer Pfeffer
Petersilie zum Garnieren nach Belieben

Zubereitungszeit: 50 Min.

Pro Portion ca.: 1130 kJ/270 kcal
3 g EW/23 g F/13 g KH

1 Die Trauben waschen, von den Stielen lösen und halbieren. Aus den blauen Trauben mit einem spitzen Messer die Kerne entfernen.

2 Die Zucchini putzen, waschen und grob raspeln. Leicht salzen und zur Seite stellen. Das Sauerkraut kurz waschen, gut abtropfen lassen und etwas zerschneiden.

3 Den Senf mit Essig, Salz, Cayennepfeffer und dem Zucker verrühren. Nach und nach das Öl

untermischen und so lange rühren, bis sich alle Zutaten glatt verbunden haben.

4 Die Sauce gründlich mit dem Sauerkraut vermengen. Die Weintrauben, Zucchiniraspel und Nüsse untermischen. Mit frisch gemahlenem Pfeffer bestreuen und abgedeckt 20 Min. durchziehen lassen. Den Salat nach Belieben mit Petersilie garnieren.
Dazu schmeckt kräftiges Bauernbrot mit Butter.

VARIANTE

Der Salat schmeckt auch mit Walnüssen, gehackten Haselnüssen oder Pecannußkernen sehr gut.

TIP!
Statt Macadamianußöl Walnuß- oder Haselnußöl nehmen.

Kim-chi-Salat

- Gelingt leicht
- Spezialität aus Korea

In Korea wird dieser beliebte Salat aus selbsteingelegtem Chinakohl zubereitet.

Für 4 Personen:

500 g frisches Sauerkraut
100 g weißer Rettich
100 g Möhren
2 Frühlingszwiebeln
1 Stück frischer Ingwer (etwa walnußgroß)
2 Knoblauchzehen
1-2 frische rote Chilischoten
50 g gehackte Pinienkerne
1 Sardellenfilet (ersatzweise 1-2 Spritzer Fischsauce)
1 EL Salz
1 EL Zucker

Zubereitungszeit: 40 Min.
Kühlzeit: 48 Std.

Pro Portion ca.: 715 kJ/170 kcal
7 g EW/10 g F/15 g KH

1 Das Sauerkraut nach Belieben waschen, gut ausdrücken und etwas zerschneiden (siehe Tip).

2 Den Rettich nach Belieben schälen oder nur waschen, die Karotten schälen und beides grob raspeln. Die Zwiebeln putzen und in feine Ringe schneiden. Ingwer und Knoblauch schälen, Chilischoten putzen. Alles fein hacken. Das Sardellenfilet ebenfalls fein hacken.

3 Das Sauerkraut mit Salz und Zucker würzen. Mit 3 EL Wasser und allen vorbereiteten Zutaten gründlich vermischen. Am besten in eine tiefe Schüssel füllen und abgedeckt 48 Std. im Kühlschrank durchziehen lassen.
Dazu schmeckt frisches Bauernbrot.

TIP!
Sauerkrautsalat ist zu Schweinsbraten oder deftiger Brotzeit eine pikante Beilage.
Sollte Ihnen für einen Salat das rohe Sauerkraut zu sauer sein, können Sie es kurze Zeit in lauwarmen Wasser wässern und anschließend in einem Sieb gut abtropfen lassen. Schmeckt es allerdings nicht kräftig genug, dann mit etwas Zitronensaft oder Weinessig würzen.

Im Bild oben: Kim-chi-Salat
Im Bild unten: Rohkostsalat mit Trauben und Nüssen

Sauerkrautsalat mit Garnelen

● Spezialität
● Für Gäste

Für 4 Personen:

400 g frisches Sauerkraut
2 Schalotten
1 Apfel (Boskop)
2 EL Zitronensaft
1 1/2 EL Meerrettich (aus dem Glas)
1 EL Zucker
4 EL Öl
weißer Pfeffer · Salz
1 rosa Grapefruit
1 Navel-Orange
1/4 Netzmelone
8–12 gegarte und geschälte Tiefseegarnelen
1 EL Butter
1 Knoblauchzehe
1 EL gehackte Petersilie

Zubereitungszeit: 1 Std.

Pro Portion ca.: 1910 kJ/460 kcal
59 g EW/15 g F/22 g KH

1 Das Sauerkraut eventuell kurz waschen, gut ausdrücken und etwas zerschneiden.

2 Die Schalotten und den Apfel schälen. Beides fein reiben und mit 1 EL Zitronensaft, Meerrettich, Zucker, 3 EL Öl, Pfeffer und 1 Prise Salz unter das Sauerkraut mischen. Abgedeckt durchziehen lassen.

3 Inzwischen die Grapefruit und die Orange schälen, dabei die weiße Haut vollständig entfernen. Mit einem scharfen Messer die Filets zwischen den Trennwänden herausschneiden, den austretenden Saft dabei auffangen und unter das Kraut mischen. Aus der Melone mit einem kleinen Kugelausstecher das Fruchtfleisch ausstechen.

4 Die Garnelen abbrausen und trockentupfen. Die Butter mit dem restlichen Öl erhitzen, den Knoblauch andünsten und darin die Garnelen von jeder Seite 2 Min. braten. Mit dem restlichen Zitronensaft, etwas Salz und Pfeffer würzen und die Petersilie untermischen.

5 Die Melonenkugeln locker unter das Sauerkraut mengen und alles auf einem Salatteller anrichten. Abwechselnd mit den Grapefruit- und Orangenfilets umlegen. Die Garnelen auf dem Kraut verteilen.
Dazu schmeckt frisches Baguette.

Sauerkrautsalat mit gebratener Geflügelleber

● Gelingt leicht
● Für Gäste

Für 4 Personen:

1 kleine Dose Ananas-
stückchen (234 g Inhalt)
300 g frisches Sauerkraut
1 Schalotte
60 g Physalis (Kap-
Stachelbeeren)
200 g Vollmilchjoghurt
2 EL Öl
1 TL Zucker
1 TL Zitronensaft
Salz
Pfeffer
200 g Hühnerleber
1 EL Mehl
1 Apfel (Boskop)
3 EL Butter
einige Kirschtomaten zum
Garnieren nach Belieben

Zubereitungszeit: 50 Min.

Pro Portion ca.: 1175 kJ/280 kcal
13 g EW/16 g F/20 g KH

1 Die Ananasstückchen durch ein Sieb gießen, den Saft auffangen. Das Sauerkraut ausdrücken und etwas zerschneiden. Die Schalotte schälen und in feine Würfel schneiden. Von den Physalis die Hüllen entfernen, Früchte abspülen und (bis auf 4 Stück für die Garnitur) halbieren.

2 Den Joghurt in eine Schüssel geben. Mit 1 TL Ananassaft, Öl, Zucker, Zitronensaft, Salz und Pfeffer verrühren und pikant abschmecken.

3 Ananasstückchen, Sauerkraut, Schalotten und Physalishälften mit dem Joghurt vermengen und durchziehen lassen.

4 Von der Leber alle Häutchen und Sehnen entfernen, Leber waschen und trockentupfen. Mit Pfeffer würzen und mit Mehl bestäuben. Den Apfel vierteln und das Kerngehäuse entfernen. Die Apfelviertel schälen und in dünne Spalten schneiden.

5 Die Butter in einer Pfanne erhitzen, die Leber von jeder Seite 2 Min. braten. Salzen und abgedeckt warm stellen. Die Apfelspalten 3 Min. im Bratfett andünsten.

6 Den Sauerkrautsalat mit der Leber und den Apfelscheiben anrichten. Mit den übrigen Physalis und nach Belieben mit halbierten Kirschtomaten dekorieren.
Dazu schmeckt Toast.

Schnelle Sauerkrautsuppe

● Preiswert
● Gelingt leicht

Für 4 Personen:

2 EL Butter
2 EL Mehl
1 l Fleischbrühe (Instant)
1 kleine Dose Sauerkraut
(300 g Inhalt)
250 g Kasseler (ohne
Knochen)
100 g saure Sahne
3 TL geriebener Meerrettich (aus dem Glas)
schwarzer Pfeffer
Petersilie zum Garnieren
nach Belieben

Zubereitungszeit: 30 Min.

Pro Portion ca.: 1080 kJ/260 kcal
16 g EW/19 g F/4 g KH

1 Die Butter in einem Topf erhitzen, das Mehl darin anschwitzen und unter ständigem Rühren mit dem Schneebesen die Brühe hinzugießen.

2 Das Sauerkraut etwas zerschneiden und unter die gebundene Brühe rühren. 20 Min. bei schwacher Hitze köcheln lassen.

3 Das Kasseler in kleine Würfel schneiden und in die Suppe geben.

4 Die Sahne und den Meerrettich in die Suppe rühren und mit Pfeffer übermahlen. Suppe nach Belieben mit Petersilie dekorieren.

Dazu schmeckt geröstetes oder getoastetes Schwarzbrot.

V A R I A N T E

Überbackene Sauerkrautsuppe
4 Scheiben Toastbrot toasten und in Würfel schneiden. 100 g mittelalten Gouda reiben. Die vorbereitete Suppe in 4 feuerfeste Suppentassen füllen und die Brotwürfel darauf verteilen. Mit dem Käse bestreuen und unter dem vorgeheizten Grill 5–8 Min. überbacken, bis der Käse geschmolzen ist.

Exotische Sauerkraut-Honigsuppe

● Spezialität
● Vegetarisch

Für 4 Personen:

2 Schalotten
1 kleine Dose Sauerkraut
(300 g Inhalt)
1 Stück frischer Ingwer
(etwa walnußgroß)
2 EL Butter
1 kleine Dose Mandarinenspalten (312 g Inhalt)
400 ml Gemüsefond (aus
dem Glas)
1 EL Bienenhonig
200 ml Kokosnußmilch
(aus der Dose)
Salz
Pfeffer
1 Prise Cayennepfeffer
1 EL gehackter Dill

Zubereitungszeit: 50 Min.

Pro Portion ca.: 780 kJ/190 kcal
5 g EW/7 g F/26 g KH

1 Die Schalotten schälen und in Scheiben schneiden. Das Sauerkraut grob hacken. Den Ingwer schälen und reiben.

2 Die Butter in einem Topf erhitzen und die Schalotten darin andünsten. Das Sauerkraut, den Ingwer, die Mandarinen mit dem Saft (einige Mandarinenspalten beiseite legen), den Gemüsefond, Honig und Kokosnußmilch hinzufügen und alles gut vermischen.

3 Die Suppe mit Salz, Pfeffer und Cayennepfeffer würzen. Bei schwacher Hitze 45 Min. sanft köcheln lassen.

4 Ist das Sauerkraut gar, die Suppe mit dem Pürierstab ganz kurz durchpürieren. Die Suppe mit dem Dill bestreuen, die beiseite gelegten Mandarinen einlegen und heiß servieren.

V A R I A N T E

Sie können die Suppe anstatt mit Kokosnußmilch auch mit Crème fraîche oder saurer Sahne zubereiten. Dann aber erst nach dem Pürieren die Sahne unterziehen und nicht mehr kochen lassen.

Im Bild oben: Exotische Sauerkraut-Honigsuppe
Im Bild unten: Schnelle Sauerkrautsuppe

Sauerkrautsuppe mit Fisch

● Kalorienarm
● Gelingt leicht

Für 4 Personen:

400 g Seelachsfilet
2 EL Zitronensaft
Salz · Pfeffer
60 g Räucherspeck
2 Bund Suppengrün
400 g Kartoffeln
1 kleine Dose Wein- sauerkraut (300 g Inhalt)
1 EL Öl
1 l Fleischbrühe (Instant)
200 g Sahne
1 TL Oregano
2 Prisen Cayennepfeffer
100 g gegarte, geschälte Nordseekrabben
1/2 Bund Dill
100 g Crème fraîche

Zubereitungszeit: 1 Std.

Pro Portion ca.: 2350 kJ/560 kcal
34 g EW/38 g F/21 g KH

1 Das Fischfilet waschen und in mundgerechte Stücke schneiden. Mit Zitronensaft beträufeln, mit Salz und Pfeffer würzen und abgedeckt zur Seite stellen.

2 Den Speck klein würfeln. Das Suppengrün putzen und die Kartoffeln schälen. Alles waschen und in kleine Stücke schneiden. Das Sauerkraut etwas zerschneiden.

3 Das Öl in einem Topf erhitzen, den Speck anbraten. Gemüse und Kartoffeln darin 4 Min. andünsten, dann Brühe und Sahne dazugießen. Mit Oregano, Salz, Pfeffer und Cayennepfeffer würzen. Das Sauerkraut untermischen und die Suppe abgedeckt 15 Min. köcheln lassen.

4 Danach die Fischstücke unter die Suppe mengen und weitere 15 Min. bei milder Hitze gar ziehen lassen. Anschließend die Krabben dazugeben, die Suppe nochmals abschmecken. Den Dill waschen, Dillspitzen abzupfen. Die Crème fraîche vorsichtig unterrühren und die Suppe mit Dillspitzen garniert servieren.

Sauerkraut-Wurstsuppe

● Gelingt leicht
● Preiswert

Für 4 Personen:

1 Zwiebel
2 Knoblauchzehen
300 g rohes Sauerkraut
2 EL Schweineschmalz
4 Wacholderbeeren
1 Lorbeerblatt
1 TL Kümmel
1 TL Zucker
1 1/2 l Fleischbrühe (Instant)
1 große Kartoffel
300 g Fleischwurst
Salz · Pfeffer
1 TL Paprika, edelsüß
1 EL scharfer Senf
2 EL gehackte Petersilie

Zubereitungszeit: 40 Min.

Pro Portion ca.: 1595 kJ/370 kcal
11 g EW/30 g F/12 g KH

1 Die Zwiebel und den Knoblauch schälen und klein würfeln. Das Sauerkraut etwas kleinschneiden.

2 In einem Topf das Schmalz erhitzen, Zwiebel- und Knoblauchwürfel darin andünsten. Das Sauerkraut und die Gewürze hinzufügen. Die Brühe angießen. Bei mittlerer Hitze 25 Min. köcheln lassen.

3 Die Kartoffel schälen und fein reiben. 10 Min. vor Garzeitende unter die Suppe rühren und mitkochen.

4 Von der Wurst die Haut abziehen, Wurst in Würfel schneiden und in die Suppe geben. Mit Salz, Pfeffer, Paprika und Senf pikant abschmecken. Mit der Petersilie bestreuen und heiß servieren. Dazu schmeckt frisches Bauernbrot.

> **TIP!**
> Für diese Suppe können Sie auch Knackwürstchen, Wiener oder Cabanossi verwenden.

Kleine Sauerkrautpizzen

- Für Gäste
- Spezialität

Statt kleiner Pizzen können Sie aus dem Teig natürlich auch 4 mittelgroße oder 2 große Pizzen formen. Die Teigmenge reicht zum Belegen des ganzen Backblechs.

Für 10-12 Stück:

Für den Hefeteig:
1 Würfel Hefe (42 g)
400 g Mehl
1/2 TL Zucker
Salz · 100 ml Olivenöl
Mehl für die Arbeitsfläche
Für den Belag:
1 Zwiebel
2 Knoblauchzehen
5 EL Tomatenmark
5 EL Olivenöl
Pfeffer
3 Prisen Cayennepfeffer
1/2 TL Zucker
400 g Sauerkraut
300 g gekochter Schinken im Stück
200 g Cocktailtomaten
100 g grüne gefüllte Oliven
150 g Gorgonzola
50 g frisch geriebener Pecorino (ersatzweise Parmesan)
200 g Crème fraîche mit Kräutern (Fertigprodukt)

Vorbereitungszeit: 1 1/4 Std.
Backzeit: 25 Min.

Bei 12 Stück pro Portion ca.:
1650 kJ/390 kcal
15 g EW/24 g F/29 g KH

1 Die Hefe zerbröckeln und in einer großen Schüssel in 1/8 l lauwarmem Wasser auflösen. Mehl, Zucker, 3 Prisen Salz und Öl hinzufügen und alle Zutaten mit dem Knethaken des Handrührgeräts zu einem glatten Teig verarbeiten.

2 Den Teig mit einem Küchentuch abdecken und bei Zimmertemperatur 1 Std. gehen lassen, bis er sein Volumen fast verdoppelt hat.

3 Inzwischen für den Belag die Zwiebel und den Knoblauch schälen. Die Zwiebel klein würfeln, den Knoblauch durchpressen. In einer Schüssel mit dem Tomatenmark, Öl, Pfeffer, Cayennepfeffer und Zucker verrühren.

4 Das Sauerkraut gut ausdrücken und kleinschneiden. Den Schinken in Würfel schneiden. Die Cocktailtomaten waschen und halbieren. Die Oliven 1-2mal quer durchschneiden.

5 Ist der Teig genügend aufgegangen, auf einer bemehlten Arbeitsfläche nochmals durchkneten. Den Teig zu einer Rolle formen und in 10-12 Scheiben schneiden. Daraus kleine Pizzen formen, dabei die Ränder leicht hochdrücken und nochmals 10 Min. ruhen lassen. Den Backofen auf 220° vorheizen.

6 Die Pizzen auf ein leicht geöltes Blech legen und mit dem Tomatenmarkgemisch bestreichen. Mit dem Sauerkraut belegen, die Schinkenwürfel, Tomaten und Oliven gleichmäßig darauf verteilen. Den Gorgonzola zerbröseln und mit dem Pecorino auf den Pizzen verteilen.

7 Im heißen Ofen (Mitte, Umluft 200°) 25 Min. backen. Die Pizzen aus dem Ofen nehmen, kleine Kleckse Crème fraîche auf die darauf setzen und sofort servieren.

TIP!

Wenn Sie keine Zeit für einen selbstgemachten Hefeteig haben, können Sie problemlos auch auf tiefgekühlten Hefeteig zurückgreifen. Bei Überraschungsgästen belegen Sie 1–2 fertige und tiefgekühlte Pizzen (beispielsweise Pizza Margherita) dick mit Sauerkraut. Dann zusätzlich mit einigen Kasseler- oder Wurstscheiben aus dem Vorrat, gerösteten Zwiebelringen und Käsescheiben belegen und backen.

Überbackene Sauerkraut-toasts

● Gelingt leicht
● Preiswert

Für 2 Personen:

200 g gekochtes Sauer-
kraut (siehe Seite 28, ersatzweise aus der Dose
nehmen)
2 Scheiben Schwarzbrot
2 Scheiben Toastbrot
1 1/2 EL Butter
2 Scheiben gekochter
Schinken
1 reife Birne
30 g Roquefortkäse
2 EL Sahne
Pfeffer
2 Tomaten
1 kleine rote Zwiebel
2 Scheiben Edamer
3 Prisen Paprika, edelsüß

Zubereitungszeit: 30 Min.

Pro Portion ca.: 2240 kJ/540 kcal
27 g EW/25 g F/51 g KH

1 Das Sauerkraut gut
ausdrücken. Jede Brot-
scheibe mit Butter be-
streichen. Wenn kein
Grillgerät zur Verfügung
steht, den Backofen auf
220° vorheizen.

2 Das Schwarzbrot mit
dem Schinken belegen.
Die Birne vierteln, das
Kerngehäuse entfernen,
Birnenviertel schälen und
in dünne Scheiben
schneiden. Die Birnen-
scheiben auf dem Schin-
ken verteilen und an-
schließend mit gut der

Hälfte Sauerkraut be-
legen.

3 Den Roquefort zer-
drücken und mit der
Sahne vermischen. Käse-
masse mit Pfeffer würzen
und auf dem Sauerkraut
verstreichen.

4 Die Tomaten waschen,
in Scheiben schneiden
und dachziegelartig auf
das Toastbrot legen. Mit
Pfeffer würzen. Restliches
Sauerkraut daraufgeben.
Die Zwiebel schälen, in
dünne Ringe schneiden
und auf dem Sauerkraut
verteilen. Mit den Eda-
merkäsescheiben be-
decken und mit Paprika
bestreuen.

5 Die Brotscheiben
unter dem Grill oder im
Backofen 6–8 Min.
überbacken, bis der Käse
geschmolzen bzw. leicht
gebräunt ist.

Sauerkrautflan im Gemüsebett

● Für Gäste
● Vegetarisch

Als Vorspeise oder kleines
Zwischengericht geeignet.

Für 4 Personen:

300 g frisches Sauerkraut
60 g Butter
2 Eier
200 g Sahne
Salz · weißer Pfeffer
2 Prisen Cayennepfeffer
1 TL abgeriebene Schale
einer unbehandelten
Zitrone
200 g Lauch
200 g Möhren
150 g Zuckerschoten
200 ml Gemüsefond (aus
dem Glas)
1 TL Senf
3–4 Kerbelstengel zum
Garnieren

Zubereitungszeit: 1 Std. 20 Min.

Pro Portion ca.: 1850 kJ/440 kcal
14 g EW/36 g F/17 g KH

1 Das Sauerkraut kurz
waschen, gut ausdrücken
und etwas kleinschnei-
den. In einem Topf die
Hälfte der Butter zer-
lassen, darin das Kraut
20 Min. abgedeckt bei
schwacher Hitze garen.
Danach abkühlen lassen.

2 Die Eier trennen. Die
Eiweiße steif schlagen.

3 Die Hälfte vom Kraut
im Mixer pürieren. An-
schließend die Eigelbe,

5 EL Sahne und das rest-
liche Sauerkraut hinzu-
fügen. Mit Salz, Pfeffer,
Cayennepfeffer und
Zitronenschale würzen.
Das Eiweiß sorgfältig
unterheben. Den Back-
ofen auf 225° vorheizen.

4 Vier kleine, ofenfeste
Förmchen und vier pas-
send geschnittene Stück-
chen Alufolie mit etwas
Butter einstreichen. Die
Sauerkrautmasse in die
Förmchen füllen und mit
der Folie abdecken. Auf
die Saftpfanne des Back-
ofens setzen, etwa 3 cm
hoch Wasser angießen
und im Ofen (Mitte, Um-
luft 200°) 30 Min. garen.

5 Inzwischen vom Lauch
nur die weißen und hell-
grünen Teile putzen, wa-
schen und in feine Ringe
schneiden. Die Möhren
schälen, in 4 cm lange
Stücke schneiden und
diese Teile in feine Streifen schneiden. Die
Zuckerschoten putzen.

6 Lauch und Möhren in
der restlichen Butter
andünsten, den Gemüse-
fond angießen und
10 Min. garen. Nach
5 Min. die Zuckerschoten
dazugeben und mitgaren.

7 Das Gemüse durch ein Sieb gießen, Gemüsebrühe dabei auffangen und mit der restlichen Sahne 4 Min. einköcheln lassen. Mit Senf, etwas Salz und Pfeffer abschmecken.

8 Das Gemüse zurück in den Fond geben und kurz durchziehen lassen. Auf Teller verteilen, die Förmchen mit dem Flan darauf stürzen und mit Kerbelblättchen garniert servieren.

Im Bild oben: Sauerkrautflan im Gemüsebett
Im Bild unten: Überbackene Sauerkrauttoasts

Gefüllte Paprikaschoten

🔴 Vegetarisch
🔵 Spezialität

Für 4–6 Personen:

12 kleine grüne Paprika-schoten
1 Zwiebel
2 EL Butterschmalz
500 g frisches Sauerkraut
3 EL Tomatenmark
1 TL Zucker
Salz · schwarzer Pfeffer
200 g Schafkäse (Feta)
1 Bund Dill
200 g Crème fraîche
4 EL Olivenöl
1 EL Ajvar (Paprikapaste aus dem Glas)
4 Eier

Vorbereitungszeit: 1 1/4 Std.
Backzeit: 50 Min.

Bei 6 Personen pro Portion ca.:
1870 kJ/450 kcal
20 g EW/35 g F/12 g KH

1 Von den Paprikascho-ten einen kleinen Deckel abschneiden, vorsichtig die Trennwände und Ker-ne entfernen. Die Scho-ten und Deckel waschen, auf den Kopf stellen und auf Küchenpapier ab-tropfen lassen.

2 Die Zwiebel schälen und in kleine Würfel schneiden. Das Schmalz erhitzen und die Zwie-belwürfel darin glasig andünsten.

3 Das Sauerkraut zu den Zwiebeln geben, das Tomatenmark und den Zucker hinzufügen. Alles 3 Min. unter Rühren andünsten. Mit Salz und Pfeffer pikant abschmek-ken.

4 Den Schafkäse klein würfeln, den Dill waschen und hacken. Zusammen mit 3 EL Crème fraîche unter das Sauerkraut mischen.

5 Den Backofen auf 200° vorheizen. Eine feuerfeste Form mit 2 EL Olivenöl ausstrei-chen. Die Paprikaschoten mit dem Kraut füllen und in die Form setzen.

6 Restliche Crème fraîche mit Ajvar und den Eiern verquirlen. Mit etwas Salz und Pfeffer würzen. Die Masse über die Paprikaschoten gie-ßen. Die Paprikadeckel auflegen. Die Form mit Alufolie abdecken. Im Backofen (Mitte, Umluft 180°) 50 Min. garen.

7 Etwa 10 Min. vor Gar-zeitende die Alufolie ent-fernen und die Deckel der Paprikaschoten mit dem restlichem Öl bestreichen. Vor dem Servieren noch 10 Min. ruhen lassen. Dazu schmeckt frisches Fladenbrot oder Ba-guette.

VARIANTE

Sie können die Paprika-schoten zusätzlich mit ge-kochtem Reis füllen. Dafür 100 g Langkornreis in Salz-wasser 10 Min. vorgaren. In einem Sieb abtropfen lassen und anschließend unter das angedünstete Sauerkraut mengen. Dafür die Kraut-menge etwas reduzieren.

TIP!

Kleine türkische hellgrü-ne Paprikaschoten aus dem türkischen Lebens-mittelgeschäft sind für dieses Gericht ideal. Wenn Sie diese Schoten entdecken, sollten Sie unbedingt zugreifen! In einem Römertopf wird gefülltes Gemüse wun-derbar zart und saftig. Setzen Sie die gefüllten Paprikaschoten in eine gut gewässerte Form, Deckel darauf und ab in den kalten Backofen. Bei 200° 1 1/4 Std. garen.

Gefüllte Kartoffeln

- Braucht etwas Zeit
- Preiswert

Für 4 Personen:

2 Bismarckheringe (150 g)
1 Gewürzgurke · 1 Apfel
100 g Frischkäse
200 g Sahnejoghurt
1 TL Senf
1 EL gehackter Dill
Pfeffer
5 große mehlige Kartoffeln (etwa 800 g)
je 1 TL Salz und Kümmel
je 3 EL Butter und Sahne
150 g gekochtes Sauerkraut (Seite 28)
1 Eigelb

Zubereitungszeit: 1 Std. 10 Min.

Pro Portion ca.: 2520 kJ / 600 kcal
20 g EW / 27 g F / 71 g KH

1 Heringe, Gurke und Apfel in kleine Würfel schneiden. Mit Frischkäse, Joghurt, Senf und Dill verrühren, mit Pfeffer würzen. Den Dip durchziehen lassen.

2 Kartoffeln in Salzwasser und Kümmel 20 Min. kochen. Abgießen und ausdämpfen lassen. Von 4 Kartoffeln oben, unten und an einer Seite 1/2 cm abschneiden. Kartoffeln bis auf einen 1/2 cm Rand aushöhlen. Backofen auf 225° vorheizen.

3 Restliche Kartoffel und die Abschnitte pellen, mit der ausgehöhlten Masse durch die Presse drücken. Mit Butter, Sahne und dem Sauerkraut verrühren. Die Masse pfeffern und in die Kartoffeln füllen. Mit Eigelb bepinseln und im Ofen (Mitte, Umluft 200°) 15 Min. überbacken. Den Dip dazu servieren.

Gefüllte Weinblätter

- Gelingt leicht
- Spezialität

Für 4 Personen:

250 g Weinblätter (Dose)
400 g frisches Sauerkraut
3 EL Butter
50 g Semmelbrösel
3 EL Sultaninen
200 g saure Sahne
1 TL Zucker
Salz · Pfeffer
1/4 l Weißwein
1 Packung Holländische Sauce (250 ml, im Tetrapack)
125 g Sahne
2 EL Zitronensaft
Butter für die Form

Zubereitungszeit: 1 1/2 Std.

Pro Portion ca.: 1780 kJ / 430 kcal
7 g EW / 29 g F / 24 g KH

1 Weinblätter 10 Min. heiß wässern, dann abspülen und trockentupfen. Sauerkraut kleinschneiden.

2 2 EL Butter erhitzen, die Brösel anrösten. Sauerkraut, Sultaninen, Sahne, 1/2 TL Zucker, Salz und Pfeffer hinzufügen. Den Backofen auf 200° vorheizen. Eine ofenfeste Form buttern.

3 1–2 Weinblätter mit den Rippen nach oben überlappend ausbreiten. 1 EL Kraut in die Mitte setzen, Weinblätter fest zusammenfalten und in die Form legen. Wein angießen und abdecken. Im Backofen (Mitte, Umluft 180°) 40 Min. garen.

4 Sauce erwärmen. Sahne steif schlagen und unterheben, mit Zitronensaft, Salz und Zucker abschmecken. Zu den Weinblättern servieren.

Gefüllte rote Bete

● Braucht etwas Zeit
● Spezialität

Für 4 Personen:

8 mittelgroße rote Beten
(1,5–2 kg)

Salz

250 g gekochtes
Sauerkraut (Seite 28)

200 g Crème fraîche

3 EL Kapern

2 EL geriebener Meerret-
tich (aus dem Glas)

200 g gegarte, geschälte
Nordseekrabben

1 Bund Dill

Butter für die Form

Zubereitungszeit: 1 1/2 Std.

Pro Portion ca.: 1820 kJ/440 kcal
18 g EW/22 g F/40 g KH

1 Die roten Beten wa-
schen, in kochendem
Salzwasser 50 Min. garen.
Kalt abschrecken und
schälen. Einen Deckel
abschneiden und die ro-
ten Beten vorsichtig mit
einem Kugelausstecher
oder Teelöffel aushöhlen
(Küchenhandschuhe an-
ziehen!). Den Backofen
auf 200° vorheizen.

2 Übriges Fruchtfleisch
kleinhacken. Mit Sauer-
kraut, zwei Drittel der
Crème fraîche, Kapern,
Meerrettich und Krabben
vermischen.

3 Die Masse in die roten
Beten füllen und alle in
eine gebutterte Auflauf-
form setzen. Restliche
Füllung in der Form
verteilen. Im Ofen (Mitte,
Umluft 180°) 20 Min.
backen. Auf jede rote
Bete einen Klecks Crème
fraîche setzen, mit Dill-
spitzen garnieren.
Dazu schmeckt Baguette.

Gefüllte Äpfel

● Gelingt leicht
● Preiswert

**Für 2 kleine Brat-
apfel-Römertöpfchen:**

2 große Äpfel (Boskop)

1 EL Zitronensaft

1 Schalotte · 1 EL Butter

100 g frisches Sauerkraut

Salz · Pfeffer

1/2 TL Zucker

2 Prisen Pimentpulver

1 EL gehackte Walnüsse

4 Scheiben Frühstücks-
speck (Bacon)

4 EL Weißwein (ersatz-
weise Apfelsaft)

Zubereitungszeit: 1 Std. 10 Min.

Pro Portion ca.: 2100 kJ/500 kcal
18 g EW/35 g F/25 g KH

1 Die Förmchen 15 Min.
kalt wässern. Von den
Äpfeln einen Deckel ab-
schneiden und großzügig
aushöhlen.

2 Äpfel innen mit
Zitronensaft beträufeln.
Schalotte schälen, klein
würfeln und in der Butter
andünsten. Das Sauer-
kraut untermischen. Mit
Salz, Pfeffer, Zucker und
Piment würzen. Die Nüsse
dazugeben.

3 Das Kraut in die Äpfel
füllen und in je 2 Speck-
scheiben über Kreuz ein-
wickeln. Speck mit Holz-
spießchen feststecken.
Äpfel in die Förmchen
setzen, je 2 EL Wein hin-
zufügen und zugedeckt
in den kalten Backofen
stellen. Bei 180° (Umluft
160°) 50 Min. garen.

> **TIP!**
> Bei mehreren Äpfeln
> einen großen Römertopf
> oder eine gebutterte
> Auflaufform verwenden.

Sauerkraut-Pilz-Rösti

● Preiswert
● Gelingt leicht

Für 2-3 Personen:

Für den Dip:

200 g leichte Salat-
mayonnaise (aus dem Glas)
2 EL Zitronensaft
3 Knoblauchzehen
1 TL Thymian (frisch oder
getrocknet)
1/2 TL Paprika, edelsüß
Salz

Für die Rösti:

400 g Pellkartoffeln vom
Vortag (festkochende
Sorte)
150 g Champignons
200 g gekochtes Sauer-
kraut (Seite 28)
1 Zwiebel
50 g Räucherspeck · 2 Eier
Salz · schwarzer Pfeffer
1/2 TL Kümmel, gemahlen
Öl oder Butterschmalz zum
Braten

Zubereitungszeit: 1 Std.

Bei 3 Portionen pro Person ca.:
1815 kJ/430 kcal
11g EW/27 g F/36 g KH

1 Mayonnaise mit Zitronensaft, durchgedrück-
tem Knoblauch, Thymian,
Paprika und Salz verrüh-
ren. Bis die Rösti fertig
sind, durchziehen lassen.

2 Die Kartoffeln pellen
und grob raspeln. Die
Pilze putzen und eben-
falls raspeln. Das Sauer-
kraut gut ausdrücken und
hinzufügen.

3 Die Zwiebel schälen
und klein würfeln. Den

Speck in kleine Würfel
schneiden. Die Eier unter
die Röstimasse rühren,
alles mit Salz, Pfeffer und
Kümmel würzen.

4 In einer mittelgroßen
Pfanne 1 EL Fett erhitzen,
die Speck- und Zwiebel-
würfel darin anbraten.
Die Kartoffelmasse fin-
gerdick in die Pfanne ge-
ben, alles durchmischen
und auf dem Pfannen-
boden andrücken. Zuge-
deckt bei schwacher
Hitze 10 Min. braten.

5 Haben die Rösti an
der Unterseite eine schöne
goldbraune Farbe, am
besten mit Hilfe eines
Tellers wenden, noch et-
was Fett in die Pfanne
geben und Rösti auf der
anderen Seite in 10 Min.
fertigbraten. Mit dem Dip
servieren.
Dazu schmeckt Blattsalat.

VARIANTE

Rösti aus rohen Kartoffeln
500 g rohe Kartoffeln raspeln. In einer Pfanne Speckwürfel anbraten, Kartoffeln
mit 250 g frischem Sauer-
kraut und 1 TL Honig mi-
schen, mit Salz und Pfeffer
würzen und in der Pfanne,
wie oben beschrieben, braten.

Sauerkrautquiche

● Gelingt leicht
● Preiswert

**Für eine Form
von 28 cm Ø:**

Für den Mürbeteig:

350 g Mehl
1 Ei
1 Eigelb
Salz
3 EL Milch
150 g Butter

Für den Belag:

200 g geräucherte
Putenbrust in Scheiben
200 g gekochte Pell-
kartoffeln
1 Stange Lauch
2 EL Butterschmalz
500 g frisches Sauerkraut
3 Eier
200 g Sahne
1/4 l Milch
Cayennepfeffer
je 1/2 TL Pfeffer- und
Korianderkörner

Vorbereitungszeit: 45 Min.
Ruhezeit: 1 Std.
Garzeit: 40 Min.

Pro Portion ca.: 2960 kJ/700 kcal
23 g EW/41 g F/50 g KH

1 Das Mehl auf eine
Arbeitsfläche sieben und
in die Mitte eine Mulde
drücken. Das Ei, Eigelb,
1/4 TL Salz und die Milch
hineingeben. Die Butter
in kleinen Flöckchen auf
dem Rand verteilen und
alles mit einem großen
Messer bröselig hacken.

2 Alle Zutaten zu einem
glatten Teig verkneten

und auf Formgröße aus-
rollen. Den Teig in die
Form legen, dabei einen
Rand von etwa 3 cm
hochdrücken. 1 Std. kühl
stellen.

3 Inzwischen die Putenbrust in Streifen schnei-
den. Die Kartoffeln pellen
und klein würfeln. Den
Lauch putzen, waschen
und in feine Streifen
schneiden.

4 In einer Pfanne das
Schmalz erhitzen. Die
Putenstreifen, den Lauch
und das Sauerkraut kurz
anbraten.

5 Die Eier mit der Sahne
und Milch verquirlen, mit
Salz und Cayennepfeffer
würzen. Den Backofen
auf 200° vorheizen.

6 Das Fleisch-Sauer-
krautgemisch auf dem
Teig verteilen.

7 Die Koriander- und
Pfefferkörner in eine
Pfeffermühle füllen und
die Quiche damit über-
mahlen. Alles mit der
Eiermasse begießen.

8 Die Quiche im Ofen
(Mitte, Umluft 180°) in
40 Min. goldbraun bak-
ken. Anschließend noch
10 Min. bei ausgeschalte-

tem Backofen ruhen
lassen, dann in Stücke
schneiden und servieren.

Im Bild oben: Sauerkraut–
Pilz–Rösti
Im Bild unten: Sauerkraut-
quiche

Das Lexikon weist unter dem Schlagwort »Sauerkraut« den nüchteren Satz auf: »Feingehobelter Weißkohl, der durch Milchsäuregärung haltbar gemacht worden ist.«

Die Krauternte

Ab September, bis in den November hinein, werden die Weißkrautköpfe geerntet. Hier arbeitet die Sauerkraut-Industrie eng mit der heimischen Landwirtschaft zusammen, denn dafür werden besonders große, nicht zu feste und bis zu 7 kg schwere Kohlköpfe angebaut. Für die Güte spielen die richtige Bodenzusammensetzung und Düngung eine wichtige Rolle.

Die Sauerkrautherstellung im kleinen Betrieb

Es gibt noch kleine Familienbetriebe (besonders im Elsaß haben ganze Dörfer seit Generationen mit Kohlanbau und der kulinarischen Umsetzung zu tun), wo noch Handarbeit angesagt ist. Jeder Kohlkopf wird von Hand geerntet und aus den äußeren Blättern geschält. Und für den Gärprozeß wird Meersalz verwendet, vielleicht schmeckt das »Choucroute« deshalb so gut.

Einfaches und Vertrautes

Nicht nur wie hier in Bayern, auch in der Stuttgarter Gegend, in Schleswig-Holstein, der Oberlausitz, auf Rügen oder im bekanntesten Krautanbaugebiet Frankreichs – dem Elsaß – wird Weißkohl für die Sauerkrautherstellung angebaut.

Industrielle Sauer-
krautherstellung

In der Fabrik wird der Kohlkopf in gleichmäßige Streifen geschnitten und in großen Gärbecken (in einem Becken haben 6–7 t Platz!) mit Kochsalz (1–2 % seines Frischgewichtes, also kommt auf 100 kg Kraut gut 1 kg Salz) versetzt. Das volle Gärbecken wird geschlossen und unter Druck gesetzt. Dadurch entweicht die Luft und der natürliche Gärprozeß beginnt. Ein Fermentationsprozeß setzt ein. Das heißt, die Zellwände im Kraut werden durch den Druck aufgebrochen, Zellsaft tritt aus und der darin enthaltene Zucker wird durch die Milchsäurebakterien in Säure umgewandelt. Ist der Gärprozeß abgeschlossen (zwischen 2–6 Wochen) bzw. der gewünschte Säuregrad erreicht, wird das Sauerkraut abgefült.

Haltbar bis ...
Die Konservierung

Um jedoch das Sauerkraut länger haltbar zu machen, muß es konserviert werden. Das erreicht man durch schonendes Erhitzen (Blanchieren) auf etwa 80–85°. Dabei werden auch die Milchsäurebakterien abgetötet.

Sauerkraut selbst
herstellen

Auf 10 kg gehobeltes Weißkraut kommen 100 g Salz. Außerdem je 2–3 EL Wacholderbeeren und Kümmel, 1 EL Senfkörner, 3–4 Lorbeerblätter und 6–8 Möhren in Scheiben geschnitten. Auf den Boden eines sauberen Steinguttopfes (ein Holz- oder Plastikgefäß tut es auch) legen Sie zwei bis drei gewaschene Krautblätter und darauf eine dicke Lage gesalzenes Kraut. Nun mit einem Holzstampfer das Kraut einstampfen, bis sich Saft bildet. Auf das Kraut die Gewürze und Möhrenscheiben legen, wieder mit einer Krautschicht bedecken und stampfen. So fortfahren bis das Gefäß handbreit unter dem Rand gefüllt ist. Die letzte Krautschicht mit Kohlblättern und einem gebrühten Leinentuch abdecken. Darauf kommt ein flacher Teller (oder Holzbrett), der etwas kleiner als der Durchmesser des Gefäßes sein muß. Dieser wird dann mit einem sauberen Stein beschwert. Der seitlich aufsteigende Saft muß 3–4 cm über dem Kraut bzw. Teller stehen. Wenn Flüssigkeit fehlt, dann mit einer 2 %igen abgekochten Salzlösung nachfüllen. Lassen Sie das Kraut in der Küche (oder einem normal temperierten Raum von 16–18°) stehen, bis es zu gären beginnt (ca. 2–3 Wochen und an der Schaumbildung zu erkennen). Dann im Keller etwa 1 Monat reifen lassen.

Ganz wichtig
• Kontrollieren Sie zwischendurch, ob noch genügend Saft auf dem Kraut steht (sonst nachgießen).

• Wenn Sie Kraut entnehmen, dann jedesmal Tuch, Teller, Stein und Gefäßrand säubern bzw. abbrühen.

Ganze Kohlblätter
einlegen

1 Weißkohlkopf (etwa 2 kg) 15 Min. blanchieren und dabei Blätter ablösen. Die Rippen abflachen und die Blätter in ein Steingutgefäß schichten. 1 1/2 l Wasser mit 3 EL Salz, 15 Wacholderbeeren und je 1 TL Kümmel und Zucker aufkochen, lauwarm über das Kraut gießen, mit Teller und Stein abdecken und 2–3 Wochen gären lassen.

Wenn Sie keinen Krauthobel haben, können Sie das Weißkraut natürlich auch mit einem Messer in feine Streifen schneiden.

Sauerkraut-Heilbutt-Auflauf

● Gelingt leicht
● Preiswert

Für 4 Personen:

500 g gekochte Pellkartoffeln vom Vortag
2 Zwiebeln
60 g Räucherspeck
2–3 EL Butterschmalz
Salz · Pfeffer
3–4 Prisen Kümmel, gemahlen
400 g geräucherter Heilbutt (ersatzweise Makrelenfilet)
3 EL Butter
500 g gekochtes Sauerkraut (Seite 28, ersatzweise Sauerkraut aus der Dose)
4 EL Semmelbrösel
80 g frisch geriebener Käse (Gouda, Emmentaler)
Butter für die Form

Vorbereitungszeit: 40 Min.
Backzeit: 25 Min.

Pro Portion ca.: 2180 kJ/520 kcal
16 g EW/27 g F/31 g KH

1 Die Kartoffeln pellen und in Scheiben schneiden. Die Zwiebeln schälen und klein würfeln. Den Speck in feine Streifen schneiden.

2 Butterschmalz in einer großen Pfanne erhitzen, den Speck anbraten. Die Zwiebeln kurz mitbraten und die Kartoffeln dazugeben. Alles durchschwenken, mit Salz, Pfeffer und Kümmel würzen. Die Bratkartoffeln unter Wenden in 5 Min. goldbraun braten. Pfanne beiseite stellen.

3 Den Fisch in kleine Stücke zerpflücken. Eine Auflaufform mit etwas Butter ausfetten. Den Backofen auf 200° vorheizen.

4 Die Hälfte der Kartoffeln in die Form geben. Darauf das Sauerkraut und Fischfleisch verteilen. Mit den restlichen Kartoffeln bedecken.

5 Semmelbrösel und Käse darüber streuen, restliche Butter in kleinen Flöckchen darauf setzen. Den Auflauf im Backofen (Mitte, Umluft 180°) in 25 Min. goldbraun bakken.
Dazu schmeckt ein frischer Salat.

Böhmischer Sauerkrautkarpfen

● Gelingt leicht
● Für Gäste

Für 4 Personen:

1 Karpfen (etwa 1,5 bis 2 kg, vom Fischhändler schlachten, schuppen und filetieren lassen)
4 EL Zitronensaft
Salz
weißer Pfeffer
2 Möhren
1 Petersilienwurzel
1 Stück frische Meerrettichwurzel (etwa 10 cm)
500 g rohes Sauerkraut
100 g Butter
1 TL Kümmel
1 EL Zucker
2 Lorbeerblätter
1/2 l Bier (Pilsner)
200 g saure Sahne
2 EL gehackte Petersilie

Zubereitungszeit: 1 1/2 Std.

Pro Portion ca.: 3520 kJ / 840 kcal
79 g EW / 46 g F / 20 g KH

1 Jedes Karpfenfilet in jeweils vier Portionsstücke schneiden und gründlich waschen. Die Haut ganz leicht schräg einschneiden und mit Zitronensaft beträufeln. Mit Salz und Pfeffer würzen.

2 Die Möhren, Petersilien- und Meerrettichwurzel schälen und grob raspeln. Das Sauerkraut kurz waschen und abtropfen lassen.

3 Eine Kasserolle mit etwas Butter ausstreichen. Sauerkraut und geraspeltes Gemüse locker darin verteilen. Mit Kümmel, Zucker, Salz und Pfeffer würzen, die Lorbeerblätter dazulegen. Den Backofen auf 200° vorheizen.

4 Die Karpfenstücke auf das Sauerkraut legen. Restliche Butter schmelzen und auf dem Karpfen verstreichen. Das Bier angießen und den Karpfen zugedeckt im Backofen (unten, Umluft 180°) 40–50 Min. garen.

5 Nach Ende der Garzeit den Deckel entfernen und die Sahne auf den Karpfenstücken verteilen. Machen Sie eine Garprobe, wenn sich die Flossen leicht herausziehen lassen, ist das Fischfleisch gar. Mit Petersilie bestreuen und in der Kasserolle zu Tisch bringen. Als Beilage schmecken Salzkartoffeln, als Getränk Bier.

Würziger Hackbratenkranz

● Für Gäste
● Spezialität

Für 4–6 Personen:

Für das Sauerkraut (Grundrezept):
100 g Räucherspeck
1 EL Öl
1 Apfel (Boskop)
1 Zwiebel
500 g frisches Sauerkraut (ersatzweise aus der Dose, 550 g Inhalt)
1 Lorbeerblatt
5 Wacholderbeeren
je 1/2 TL Kümmel und Zucker
2 Prisen Salz
1/4 l Apfelsaft
1/4 l Weißwein (trockener Riesling, ersatzweise Fleischbrühe oder Wasser)
Für das Hackfleisch:
2 Brötchen vom Vortag
50 g Räucherspeck
2 Zwiebeln
2 Knoblauchzehen
1 EL Butter
600 g gemischtes Hackfleisch
2 EL Semmelbrösel
3 Eier
Salz · Pfeffer
je 1/2 TL Senf, Cayennepfeffer, Kümmel und Oregano
150 g Bacon (dänischer Frühstücksspeck)
Öl für die Form

Vorbereitungszeit: 50 Min.
Garzeit: 2 Std.

Bei 6 Personen pro Portion ca.:
3220 kJ/770 kcal
42 g EW/52 g F/26 g KH

1 Für das Sauerkraut den Speck klein würfeln. Das Öl in einem Topf erhitzen, die Speckwürfel darin anbraten. Den Apfel und die Zwiebel schälen, in Würfel schneiden und kurz mit andünsten. Das Sauerkraut, die Gewürze, den Apfelsaft und Wein hinzufügen. Das Sauerkraut zugedeckt bei schwacher Hitze 1 Std. köcheln lassen.

2 Für den Hackbratenkranz die Brötchen in heißem Wasser einweichen. Den Speck klein würfeln. Zwiebeln und Knoblauch schälen und in kleine Würfel schneiden. Die Butter in einer Pfanne erhitzen, zuerst den Speck, dann Zwiebel- und Knoblauchwürfel darin anbraten. Zur Seite stellen.

3 Das Hackfleisch in eine Schüssel geben. Die Brötchen gut ausdrücken und dazugeben. Semmelbrösel, Eier und die Speck-Zwiebelmischung hinzufügen.

4 Das Hackfleisch kräftig mit Salz, Pfeffer, Senf, Cayennepfeffer, Kümmel und Oregano würzen und dabei gründ-lich durchkneten. Den Backofen auf 200° vorheizen.

5 Eine Savarinform (auch Kranz- oder Reisrandform, 24 cm Ø) dünn mit Öl ausstreichen und dicht mit dem Bacon auskleiden. Das Hackfleisch gleichmäßig in die Form drücken und glattstreichen. Im Ofen (Mitte, Umluft 180°) 50 Min. backen. Anschließend im abgeschalteten Ofen ruhen lassen, bis das Kraut fertig ist.

6 Den Hackbratenkranz auf eine vorgewärmte Platte stürzen. Das Sauerkraut abtropfen lassen und in die Kranzmitte füllen.
Servieren Sie dazu Kartoffelpüree oder Reis.

VARIANTEN

Sauerkraut steckt voller Überraschungen und läßt sich wunderbar auf vielfältigste Art und Geschmacksnuance zubereiten:
● Sauerkraut mit Ananasstückchen und Crème fraîche
● mit kernlosen weißen und blauen Trauben in Sekt gegart
● mit Mangowürfeln und pikant mit Ingwer und Chilie gewürzt
● mit Quitten- oder Birnenstücken in Weißwein geköchelt
● mit Gänseschmalz, Rosinen und Äpfeln in Cidre gegart
● mit Schinken und Backpflaumen, eine deftige Variante aus Norddeutschland
● mit grob gemahlenem Koriander, Pilzen und saurer Sahne

TIP!

Eine feine Beilage zum Hackbratenkranz sind glasierte Apfelkügelchen. Dafür mit einem Kugelausstecher aus festen Äpfeln kleine Kugeln ausstechen und in etwas Butter und Zucker glasieren.

Sauerkraut-haschee

● Gelingt leicht
● Preiswert

Für 4 Personen:

50 g Räucherspeck
1 EL Schmalz
400 g Hackfleisch
2 Zwiebeln
300 ml Fleischbrühe (Instant)
1 Dose Sauerkraut (550 g Inhalt)
2 Knoblauchzehen
1 Lorbeerblatt
6 Wacholderbeeren
je 1/2 TL Senf- und Kümmelkörner
1/2 TL Zucker
Salz · Pfeffer
Cayennepfeffer
1 EL Tomatenmark

Zubereitungszeit: 1 1/2 Std.

Pro Portion ca.: 2190 kJ/520 kcal
27 g EW/31 g F/34 g KH

1 Speck klein würfeln und im heißen Schmalz anbraten. Das Hackfleisch hinzufügen und unter Rühren krümelig braten.

2 Die Zwiebeln schälen, klein würfeln und zwei Drittel davon mit dem Hackfleisch vermischen. Alles 8 Min. unter Rühren braten. Die Brühe angießen, das Sauerkraut untermengen.

3 Den Knoblauch schälen, hacken und mit allen Gewürzen und dem Tomatenmark zum Kraut geben. Bei schwacher Hitze zugedeckt 45 Min. garen lassen.

4 Kurz vor dem Servieren die restlichen Zwiebelwürfel untermengen. Dazu schmecken Kartoffelklöße oder Kartoffelpüree.

Hackfleisch-auflauf

● Gelingt leicht
● Preiswert

Für 4 Personen:

50 g Räucherspeck
1 EL Schmalz
400 g Hackfleisch
2 Zwiebeln
2 Knoblauchzehen
Salz · Pfeffer
Cayennepfeffer
800 g mehlige Kartoffeln
1/4 l Fleischbrühe (Instant)
2 EL Meerrettich (Glas)
200 g Schmand (ersatzweise Crème fraîche)
100 g geriebener Gouda
2 Eier
1 Dose Sauerkraut (550 g Inhalt)
Butter für die Form

Zubereitungszeit: 1 1/2 Std.

Pro Portion ca.: 3380 kJ/810 kcal
42 g EW/52 g F/40 g KH

1 Speck klein würfeln, im Schmalz anbraten.

Hackfleisch unterrühren und krümelig anbraten.

2 Zwiebeln und Knoblauch schälen, klein würfeln und kurz mitbraten. Kräftig mit Salz, Pfeffer, Cayennepfeffer würzen.

3 Kartoffeln schälen, waschen, in dünne Scheiben schneiden. Brühe erwärmen, mit Meerrettich, Schmand, Käse und Eiern verquirlen. Den Backofen auf 200° vorheizen.

4 Form fetten, den Boden mit Kartoffelscheiben bedecken. Darauf je die Hälfte Kraut und Hackfleisch schichten. Mit Kartoffeln, Kraut, Hackfleisch und Kartoffeln abschließen, Brühe darüber gießen. Im Backofen (Mitte, Umluft 180°) 1 1/4 Std. backen (erste 1/2 Std. Form abdecken).

Gefüllte Knödel

● Preiswert
● Spezialität aus Tirol

Für 4 Personen:

| 1 kg mehligkochende Kartoffeln |
| 200 g Speisestärke |
| 2 Eier |
| 3 EL weiche Butter · Salz |
| Muskatnuß, frisch gerieben |
| 1 Zwiebel |
| 200 g gemischtes Hackfleisch |
| 2 EL gehackte Petersilie |
| Pfeffer · Cayennepfeffer |
| 350 g gekochtes Sauerkraut (Seite 28) |

Zubereitungszeit: 1 Std.

Pro Portion ca.: 2520 kJ/600 kcal
20 g EW/21 g F/80 g KH

1 Die Kartoffeln waschen, mit Schale in 20 Min. gar kochen. Noch heiß pellen, durch die Presse drücken. Mit Speisestärke, Eiern, 2 EL Butter, 1/2 Tasse heißem Wasser, etwas Salz und Muskat zu einem glatten Teig verkneten.

2 Die Zwiebel schälen, klein würfeln und in der restlichen Butter andünsten. Das Hackfleisch darin krümelig anbraten. Die Petersilie untermischen. Mit Salz, Pfeffer, Cayennepfeffer kräftig würzen.

3 2 l Salzwasser zum Kochen bringen. Aus dem Teig Knödel formen, in die Mitte 1 1/2 TL Hackfleisch drücken, den Teig wieder gut verschließen. Im siedenden Wasser 20 Min. ziehen lassen. Mit Sauerkraut servieren.

Gefüllte Pfannkuchen

● Preiswert
● Gelingt leicht

Für 4 Personen:

| **Für den Teig:** |
| 250 g Mehl · 3 Eier |
| 1/4 l Buttermilch |
| Salz · Pfeffer |
| je 4 Prisen Curry, Cayennepfeffer, gemahlener Kümmel |
| **Für die Füllung:** |
| 200 g Hackfleisch |
| 1 EL Öl + Öl zum Braten |
| 1 Knoblauchzehe |
| Salz · Pfeffer |
| 250 g gekochtes Sauerkraut (Seite 28) |
| 200 g saure Sahne |
| 3 EL geriebener Gouda |
| 1 EL Preiselbeermeerrettich (aus dem Glas) |
| 2 EL Schnittlauchröllchen |
| Butter für die Form |

Zubereitungszeit: 1 Std. 10 Min.

Pro Portion ca.: 2255 kJ/540 kcal
27 g EW/25 g F/51 g KH

1 Aus den Zutaten, 1/4 l Wasser und je 2 Prisen der Gewürze einen Teig rühren.

2 Hackfleisch in 1 EL Öl krümelig anbraten. Knoblauch dazupressen. Salz, Pfeffer und restliche Gewürze dazugeben. Das Sauerkraut und 2 EL saure Sahne unterrühren, zur Seite stellen. Den Backofen auf 220° vorheizen. Form buttern.

3 Aus dem Teig 8 Pfannkuchen backen. Je 1 EL Füllung daraufgeben und Pfannkuchen aufrollen. In die Form legen. Restliche Sahne mit Käse und Meerrettich verrühren. Auf den Pfannkuchen verstreichen. Im Backofen (oben, Umluft 200°) 20 Min. überbacken. Mit Schnittlauch bestreut servieren.

Szegediner Gulasch

● Preiswert
● Spezialität aus Ungarn

Für 4–6 Personen:

750 g Schweinegulasch (Schulter)
Salz
schwarzer Pfeffer
1 TL gehackter Kümmel
4 Zwiebeln
3 Knoblauchzehen
3 EL Schweineschmalz
1 1/2 EL Paprika, rosen-scharf
1 Lorbeerblatt
2 EL Tomatenmark
1/2–1 l Fleischbrühe (Instant) nach Belieben
1 rote Paprikaschote
1 Dose Sauerkraut (550 g Inhalt)
200 g saure Sahne
1 EL Mehl

Zubereitungszeit: 2 1/4 Std.

Bei 6 Personen pro Portion ca.:
3600 kJ/860 kcal
26 g EW/40 g F/15 g KH

1 Das Fleisch kräftig mit Salz, Pfeffer und Kümmel würzen.

2 Die Zwiebeln und den Knoblauch schälen. Die Zwiebeln in dünne Scheiben schneiden, den Knoblauch hacken.

3 In einem Schmortopf das Schmalz erhitzen und die Zwiebeln glasig andünsten. Das Paprikapulver einrühren und sofort mit 1/2 Tasse Wasser ablöschen.

4 Wenn das Wasser nahezu verdampft ist, das Fleisch 10 Min. mitschmoren lassen. Knoblauch, Lorbeerblatt und das Tomatenmark mit etwas Wasser hinzufügen und zugedeckt bei schwacher Hitze 40 Min. schmoren lassen. Dabei zwischendurch öfter umrühren (wenn alles immer wieder etwas einkocht, bekommt das Fleisch eine schöne kräftige Farbe) und immer ein wenig Wasser oder Brühe nach Belieben nachgießen.

5 Die Paprikaschote putzen, waschen und in kleine Würfel schneiden. Zusammen mit dem Sauerkraut nach 40 Min. Schmorzeit unter das Fleisch mengen und wieder soviel Wasser oder Brühe hinzugießen, das alles gerade bedeckt ist. Weitere 30 Min. köcheln lassen.

6 Ist das Fleisch gar, die Sahne mit dem Mehl verquirlen und unter das Gulasch rühren. Im offenen Topf noch 15 Min. durchziehen lassen. Dazu schmecken Serviettenknödel oder Salzkartoffeln.

Straßburger Sauerkrautplatte

● Für Gäste
● Spezialität aus dem Elsaß

»Choucroute garnie« oder »Choucroute à l'Alsacienne« heißt dieses berühmte Gericht in seiner Heimat. Es gibt im Elsaß Köche, die das Sauerkraut den ganzen Tag leise vor sich hin ziehen lassen. Natürlich wird es mit Riesling aus heimischem Anbau gekocht und stets mit reichlich »Garnitur« –, also Fleisch und Wurst serviert.

Für 4–6 Personen:

2 Zwiebeln
1 Apfel (Boskop)
2 EL Schweineschmalz
1 kg frisches Sauerkraut
2 Lorbeerblätter
10 Wacholderbeeren
2 Gewürznelken
1 TL Zucker
1/4 l Fleischbrühe (Instant)
1/4 l Weißwein (ersatzweise Brühe)
weißer Pfeffer
4 Scheiben durchwachsener Räucherspeck
4 Kasseler Rippchen
4 frische Blutwürste
4 kleine Knoblauchwürste (ersatzweise andere Würste)

Zubereitungszeit: 2 Std.

Bei 4 Personen pro Portion ca.:
2680 kJ/640 kcal
32g EW/48 g F/10 g KH

1 Zwiebeln und Apfel schälen. Zwiebeln klein würfeln, Apfel vierteln, dabei das Kerngehäuse entfernen und die Apfelviertel in Scheiben schneiden.

2 Das Schmalz erhitzen, die Zwiebeln darin andünsten. Das Sauerkraut locker dazugeben. Apfelscheiben, Lorbeerblätter, Wacholderbeeren, Nelken und Zucker hinzufügen. Brühe und Wein dazugießen und mit Pfeffer bestreuen.

3 Bauchspeck und Rippchen auf das Kraut legen und alles zugedeckt bei schwacher Hitze 1 1/2–2 Std. köcheln lassen.

4 Ist das Kraut gar, die Würste dazulegen und 10 Min. im Kraut mit erhitzen. Alles auf einer vorgewärmten Platte anrichten.
Reichen Sie Salzkartoffeln und scharfen Senf dazu.

Im Bild oben: Straßburger Sauerkrautplatte
Im Bild unten: Szegediner Gulasch

Sauerkrautrouladen

● Preiswert
● Braucht etwas Zeit

Versuchen Sie auf dem Markt einen ganzen Sauerkrautkopf zu bekommen oder verwenden Sie selbst eingelegte Kohlblätter (Seite 25).

Für 4–6 Personen:

1 Brötchen vom Vortag
2 Zwiebeln
500 g Schweinehack
2 Eier
Salz · Pfeffer
1/4 TL Oregano
1 EL Kümmel
1 EL Paprika, rosenscharf
1 ganzer, sauer eingelegter Kohlkopf
2 EL Schweineschmalz
1 EL Zucker
100 g Räucherspeck
200 g saure Sahne
1/2 l Fleischbrühe (Instant)

Zubereitungszeit: 4 Std.

Bei 6 Personen pro Portion ca.:
1620 kJ/390 kcal
30 g EW/21 g F/21 g KH

1 Das Brötchen in heißem Wasser einweichen. Die Zwiebeln schälen und in kleine Würfel schneiden.

2 Das Hackfleisch in einer Schüssel mit dem gut ausgedrückten Brötchen, Zwiebeln und Eiern verkneten. Kräftig mit Salz, Pfeffer, Oregano und je 3 Prisen Kümmel und Paprika würzen.

3 Vom Krautkopf die Blätter ablösen. Die dicken Rippen etwas abflachen und Blätter ausbreiten. Auf jedes Blatt 1 EL Hackfleisch geben, die Seiten einschlagen und zu kleinen Rouladen aufrollen. So fortfahren, bis die Füllung verbraucht ist.

4 Restliches Kraut in Streifen schneiden. Schmalz in einem Bräter zerlassen, das geschnittene Kraut darin andünsten. Mit Salz, Zucker, restlichem Kümmel und reichlich Pfeffer würzen. Den Backofen auf 180° vorheizen.

5 Den Speck in Scheiben schneiden. Die Rouladen mit der Naht nach unten auf das Krautbett setzen, Speckscheiben dazwischen verteilen.

6 Brühe erhitzen, mit dem restlichen Paprikapulver und der Sahne verrühren, über das Kraut gießen. Den Bräter zudecken, Rouladen im Backofen (Mitte, Umluft 160°) 3 Std. garen. Je länger die Rouladen schmoren, um so besser schmecken sie!
Mit Kartoffelpüree servieren.

Gebratene Pilze

● Vegetarisch
● Gelingt leicht

Für 4 Personen:

1 Zwiebel · 4 EL Butter
1 1/2 EL Zucker
1 Dose Sauerkraut (550 g Inhalt)
1/2 l Gemüsebrühe (Instant)
1/2 TL Kümmel
1 Lorbeerblatt
8 Wacholderbeeren
2 Nelken
12 Riesenchampignons (etwa 800 g)
2 Eier
100 g Semmelbrösel
Salz · Pfeffer
3 Prisen Cayennepfeffer
3 EL Öl
3 EL gehackte Petersilie
200 g Crème fraîche

Zubereitungszeit: 1 Std.

Pro Portion ca.: 3200 kJ/770 kcal
22 g EW/44 g F/73 g KH

1 Die Zwiebel schälen und klein würfeln. In einem Topf 2 EL Butter erhitzen, den Zucker einrühren und schmelzen lassen. Die Zwiebelwürfel kurz im Zucker glasieren.

2 Sauerkraut, Brühe, Kümmel, Lorbeerblatt, Wacholderbeeren und Nelken hinzufügen. Zugedeckt bei schwacher Hitze 40 Min. köcheln lassen. Zwischendurch umrühren.

3 Inzwischen die Pilze putzen, die Stiele ab-

schneiden und anderweitig verwenden (beispielsweise für ein Omelett). Die Hüte mit einem Küchentuch abreiben.

4 Die Eier in einem Teller verschlagen. Die Semmelbrösel auf einem zweiten Teller mit Salz, Pfeffer und Cayennepfeffer würzen. Die Champignons durch die Eimasse ziehen, dann in den Semmelbröseln panieren und gut festdrücken.

5 In einer großen Pfanne restliche Butter mit dem Öl erhitzen. Die Pilze bei mittlerer Hitze goldbraun braten. Auf Küchenpapier abtropfen lassen. In dem heißen Bratfett die Petersilie wenden, über die Pilze streuen.

6 Die Crème fraîche unter das gekochte Sauerkraut rühren, zu den Pilzen servieren. Dazu schmecken kleine Semmelknödel oder Salzkartoffeln.

**Im Bild oben: Gebratene Pilze
Im Bild unten: Sauerkrautrouladen**

Krautkrapfen

- ● Gelingt leicht
- ● Preiswert

Für 4–6 Personen:

400 g Mehl
Salz
3 Eier
2 EL Öl
2 Zwiebeln
250 g Räucherspeck
4 EL Butterschmalz
500 g frisches Sauerkraut
Pfeffer
1 1/2 TL Kümmel
1 TL Zucker
1/2–1 l Fleischbrühe (Instant)
3 EL Butter
1 Bund Schnittlauch
Mehl für die Arbeitsfläche

Vorbereitungszeit: 1 Std.
Ruhezeit: 30 Min.
Backzeit: 35 Min.

Bei 6 Personen pro Portion ca.:
2680 kJ/640 kcal
24 g EW/37 g F/53 g KH

1 Das Mehl in eine Schüssel sieben, in die Mitte eine Mulde drük-ken. Salz, Eier, 4 EL kaltes Wasser und das Öl hin-eingeben. Alle Zutaten zu einem festen, geschmei-digen Teig verkneten.

2 Die Schüssel mit einem Küchentuch ab-decken und den Teig 30 Min. ruhen lassen.

3 Inzwischen die Zwie-beln schälen und klein würfeln. Vom Speck zwei Drittel in kleine Würfel und den Rest in feine Streifen schneiden. 2 EL Schmalz erhitzen, die Speck- und Zwiebelwür-fel darin anbraten.

4 Das Sauerkraut zer-schneiden und hinzufü-gen. Mit Salz, Pfeffer, 1/2 TL Kümmel und Zuk-ker würzen. 8–10 Min. unter Rühren andünsten, dann abkühlen lassen.

5 Den Teig auf einer bemehlten Arbeitsfläche nochmals durchkneten und halbieren. Eine Hälfte so dünn wie möglich zu einem langgezogenen Rechteck ausrollen.

6 Die Hälfte Kraut auf dem ausgerollten Teig verteilen. Den Rand dabei etwas frei lassen. Von der Breitseite her fest auf-rollen, mit der Naht nach unten auf die Arbeits-fläche legen.

7 Die Teigrolle in etwa 5 cm dicke Scheiben schneiden. Mit der zwei-ten Teig- und Krauthälfte genauso verfahren. Den Backofen auf 200° vor-heizen.

8 Eine feuerfeste Form mit dem restlichen Schmalz ausfetten. Die Krapfen dicht nebenein-ander mit der Schnittflä-che nach unten hinein-setzen. Mit den Speck-streifen und restlichem Kümmel bestreuen.

9 Fleischbrühe erhitzen. Vom Rand her soviel da-von angießen, daß die Krapfen knapp bedeckt sind. Fest mit Alufolie verschließen und im Back-ofen (Mitte, Umluft 180°) 20 Min. garen.

10 Folie entfernen und Krapfen in 15 Min. fertig-backen. Butter schmelzen, die Krapfen zwischen-durch öfter mit der flüs-sigen Butter bestreichen.

11 Den Schnittlauch waschen und in feine Röllchen schneiden. Über die fertigen Krapfen streuen und in der Form servieren.
Dazu schmeckt ein frischer Blattsalat.

Thüringer Wurstauflauf

- Spezialität
- Braucht etwas Zeit

Für 4 Personen:

120 g Räucherspeck
800 g Kartoffeln
2 Zwiebeln
3 EL Schweineschmalz
Salz · Pfeffer
350 g Kochsalami am Stück
1 Dose Sauerkraut (550 g Inhalt)
je 1 TL Kümmel und Majoran
2 Lorbeerblätter
2 Äpfel (Boskop)
1 EL Zucker
200 g saure Sahne
2 EL gehackter Schnittlauch

Zubereitungszeit: 1 1/2 Std.

Pro Portion ca.: 3730 kJ/890 kcal
34 g EW/60 g F/52 g KH

1 Den Speck in kleine Würfel schneiden. Die Kartoffeln schälen, waschen und in kleine Stücke schneiden. Die Zwiebeln schälen und klein würfeln.

2 2 EL Schmalz in einer Pfanne erhitzen und den Speck darin anbraten. Die Zwiebel- und Kartoffelwürfel dazugeben, alles mit Salz und Pfeffer würzen und in 8 Min. goldbraun braten. Pfanne zur Seite stellen.

3 Die Wurst häuten und in Würfel schneiden. Den Backofen auf 220° vorheizen.

4 Eine große Auflaufform mit dem restlichen Schmalz ausfetten. Den Boden mit einem Drittel der Kartoffeln bedecken. Das Sauerkraut abtropfen lassen und die Hälfte locker auf den Kartoffeln verteilen. Mit etwas Kümmel und Majoran würzen. Die Lorbeerblätter dazwischenlegen. Auf das Kraut die Hälfte von der Wurst verteilen, darauf wieder ein Drittel der Kartoffeln und das restliche Sauerkraut schichten. Das Kraut mit Kümmel und Majoran würzen und die restliche Wurst darauf verteilen.

5 Die Äpfel schälen, vierteln und das Kerngehäuse entfernen. Äpfel klein würfeln und mit dem Zucker bestreuen. Mit den restlichen Kartoffeln mischen und auf der Wurst verteilen. Die Hälfte der Sahne darüber streichen und den Auflauf im Ofen (Mitte, Umluft 200°) mit Folie abgedeckt 40 Min. garen. Dann die Folie entfernen und den Auflauf in 20 Min. fertigbacken. Restliche Sahne darüber gießen und mit Schnittlauch bestreut servieren.

Schwäbische Krautspätzle

- Preiswert
- Spezialität

Für 4 Personen:

375 g Mehl
3 Eier
Salz
2 EL Butterschmalz
500 g gekochtes Sauerkraut (Seite 28 oder Sauerkraut aus der Dose)
Muskatnuß, frisch gerieben
schwarzer Pfeffer
3 EL gehackte Petersilie

Zubereitungszeit: 45 Min.

Pro Portion ca.: 1810 kJ/430 kcal
17 g EW/9 g F/69 g KH

1 Das Mehl in eine Schüssel sieben und mit 10 EL Wasser verrühren. Die Eier und 1/2 TL Salz dazugeben und den breiartigen Teig mit der Hand so lange schlagen, bis er kleine Blasen wirft. Den Teig ruhen lassen.

2 In einem großen Topf reichlich Salzwasser zum Kochen bringen. Den Teig in eine Spätzlepresse oder einen Spätzlehobel füllen und in das kochende Wasser drücken.

3 Sobald die Spätzle an der Oberfläche schwimmen, mit einer Schaumkelle abschöpfen und abtropfen lassen. So fortfahren, bis der gesamte Teig verarbeitet ist.

4 In einer großen Pfanne das Schmalz erhitzen, die fertigen Spätzle unter Schwenken anbraten. Mit Muskat, Salz und Pfeffer würzen. Das Sauerkraut erhitzen und locker unter die Spätzle mischen. Mit der Petersilie bestreut servieren.

TIP!

Wenn Sie die Spätzle schon am Vortag zubereiten, dann kalt abschrecken, so kleben sie nicht zusammen. Haben Sie bereits Übung in der Spätzleherstellung? Da nichts über handgeschabte Spätzle geht, schaben Sie den Teig doch auch einmal profimäßig von einem feuchten Spätzlebrett in das kochende Wasser. Noch einfacher und schneller bereiten Sie dieses Essen mit fertiggekauften Spätzle zu.

Im Bild oben: Schwäbische Krautspätzle
Im Bild unten: Thüringer Wurstauflauf

Sauerkraut-Schinken-Pastete

● Für Gäste
● Braucht etwas Zeit

Für 4–6 Personen:

Für den Teig:
200 g Mehl · Salz
125 g kalte Margarine
60 g Schweineschmalz
4 EL Eiswasser
Mehl für die Arbeitsfläche
Für die Füllung:
80 g Räucherspeck
2 Zwiebeln
2 EL Öl
1 kleine Dose Weinsauer- kraut (300 g Inhalt)
1/4 l Apfelsaft
Salz · Pfeffer
1 TL Paprika, rosenscharf
100 g Pecannüsse (ersatzweise Walnüsse)
150 g Emmentaler
2 Eier
100 g Crème fraîche
100 g Sultaninen
1 EL Senf
250 g gekochter Schinken in dünnen Scheiben
1 EL Milch
Backpapier für das Blech

Vorbereitungszeit: 50 Min.
Ruhezeit: 1 Std.
Backzeit: 40 Min.

Bei 6 Personen pro Portion ca.:
3840 kJ/920 kcal
28 g EW/70 g F/44 g KH

1 Das Mehl in eine Schüssel sieben, mit dem Salz mischen. Margarine und Schmalz in kleine Stückchen schneiden. Fett mit dem Eiswasser zum Mehl geben und alle Zutaten schnell und gründlich verkneten.

2 Den Teig auf einer bemehlten Arbeitsfläche zu einem länglichen Rechteck ausrollen. Dann eine Teighälfte bis zur Mitte zusammenschlagen, die andere Hälfte darüber legen. Den Teig wieder längs ausrollen und den Vorgang 2–3mal wiederholen. Den Teig in Klarsichtfolie 1 Std. im Kühlschrank ruhen lassen.

3 Für die Füllung den Speck in kleine Würfel schneiden. Die Zwiebeln schälen und klein würfeln.

4 In einem Topf das Öl erhitzen, die Speck- und Zwiebelwürfel anbraten. Das Sauerkraut und den Apfelsaft hinzufügen. Mit Salz, Pfeffer und Paprika würzen. Zugedeckt 10 Min. dünsten, anschließend abkühlen lassen.

5 Die Nüsse grob hacken. Den Käse grob raspeln. 1 Ei trennen.

6 Unter das Sauerkraut das ganze Ei, das Eiweiß, die Crème fraîche, Sultaninen, Nüsse sowie Käse und Senf mischen. Mit Salz und Pfeffer abschmecken.

7 Den Teig messerrückendünn ausrollen. Daraus zwei Ovale schneiden. Ein Oval sollte etwa 30 cm, das zweite etwa 33 cm lang sein. Ein Backblech mit Backpapier belegen, das kleinere Oval darauf legen.

8 Die Schinkenscheiben überlappend auf den Teig legen. Die Krautfüllung darauf verteilen, dabei die Ränder frei lassen.

9 Das größere Teigstück auf die Füllung legen. Die Ränder zusammenrollen und festdrücken, damit keine Füllung austreten kann. Den Backofen auf 225° vorheizen.

10 Die Teigreste ausrollen, daraus kleine Motive ausstechen. Die Unterseite mit etwas Eigelb bestreichen und auf die Pastete kleben. In die Teigmitte ein kleines Loch schneiden, damit während des Backens der Dampf entweichen kann.

11 Restliches Eigelb und Milch mit einem Küchenpinsel verrühren, die Pastete damit bestreichen. Im Backofen (2. Schiene von unten, Umluft 200°) 40 Min. backen. Pastete im Ganzen servieren und am Tisch in Scheiben schneiden.
Dazu schmeckt ein trockener Riesling oder Müller-Thurgau.

Feines
und
Neues

Was James Cook schon wußte und in weiser Voraussicht mit an Bord nahm, waren 60 Fässer Sauerkraut, die der britische Weltumsegler (1728 bis 1779) auf seinen Entdeckungsreisen in die Südsee und zur Ostküste Australien seiner Mannschaft gegen Skorbut zu essen gab.

Aber die Erkenntnis, Gemüse kleinzuschneiden, zu salzen und zu pressen, damit es nicht so schnell verdirbt (von Vitaminen wußte man damals noch nichts) ist noch viel älter. Römer und Griechen verwendeten schon Sauerkraut als Lebens- und Naturheilmittel. Bereits Hippokrates (um 460–370 v. Chr.), griechischer Arzt und Begründer der wissenschaftlichen Heilkunde, soll schon Sauerkraut in seinen Lehren erwähnt haben.

Angeblich haben sich auch Ende des 3. Jahrhunderts v. Chr. die Arbeiter der chinesischen Mauer von saurem Kohl (z. T. in Reiswein eingelegt) ernährt, denn in den weiten Einöden Chinas gab es wohl kaum andere Vitaminquellen.

In all den Jahrhunderten haben die Menschen die Bedeutung des Kohls und seine Verarbeitung zu Sauerkraut kennen und schätzen gelernt. Im 16. Jahrhundert wurde in der Magdeburger Gegend elbauf- und -abwärts schwunghafter Handel damit getrieben.

So hat Sauerkraut überall auf der Welt seine Anhänger gefunden.

Sebastian Kneipp pries ebenfalls die Vorzüge von Sauerkraut und Sauerkrautsaft.

Die gesundheitlichen Vorzüge, die gute Bekömmlichkeit und seine Vielseitigkeit in der Zubereitung haben Sauerkraut zu einem unentbehrlichen Nahrungsmittel werden lassen.

Schon Pfarrer Kneipp empfahl Sauerkraut und Sauerkrautsaft zur äußerlichen und inneren Anwendung.

Einkauf und Lagerung

Nur frisches, rohes Faß-Sauerkraut enthält noch Milchsäurebakterien und vor allem mehr Vitamin C als sterilisiertes Sauerkraut aus Dosen. Frisches Sauerkraut wird für den Handel in kleine Fässer, kleine Kunststoffeimer oder in Frischhaltebeutel abgefüllt. Frisches Kraut schmeckt kräftig und würzig und ist ideal für Rohkost geeignet.
Es sollte deshalb auch schneller verbraucht werden, und zwar aus dem Faß innerhalb von 9 Monaten, frisch abgepacktes ist zum baldigen Verbrauch bestimmt.

Der Frischetest:
• frisches Sauerkraut schmeckt angenehm säuerlich und ist beim Kauen knusprig
• es riecht appetitlich und nicht faulig
• beim Zusammendrücken muß es sich fest anfühlen.

Egal, wieviel Sauerkraut Sie auch kaufen, kochen Sie lieber mehr als zu wenig, denn wie schon Wilhelm Buschs Witwe Bolte schwärmt. »... am besten, wenn es wieder aufgewärmt«.

Sterilisiertes Sauerkraut kommt in unterschiedlichen Verpackungs- und Zubereitungsformen in den Handel und muß als solches auch gekennzeichnet sein.
In Dosen, Gläsern und Folienbeuteln wird Sauerkraut von Miniportionen in Beuteln bis zu Kilodosen angeboten.
In Dosen ist Sauerkraut etwa 4 Jahre haltbar, in Frischhaltebeutel etwa 1 1/2 Jahre. Nach dem Öffnen sollte es bald verwendet bzw. kühl und dunkel aufbewahrt werden, am besten im Kühlschrank.

Die richtige Zubereitung

Die Kochzeit ist bei frischem Sauerkraut natürlich etwas länger als bei sterilisiertem Kraut. Sie sollten mit einer guten Stunde rechnen. Hier kann es allerdings nur Empfehlungen geben. Der Gesundheitsbewußte will nur frisches Kraut, schonend gegart mit Biß. Der Genießer kocht sein Sauerkraut so lange, bis es richtig schön »matschig« ist – obwohl dabei die Vitamine durch den Schornstein rauchen.

Wer Sauerkraut gerne sämig mag, kann einfach eine rohe Kartoffel darunterreiben und kurz mitköcheln lassen. Öfter aufgewärmt schmeckt Sauerkraut übrigens noch besser.

Wenn's mal schnell gehen muß...

...gibt es naturbelassenes, mit Wein oder Champagner versetztes Kraut.
Auch fix und fertiges Sauerkraut mit Fleisch, Schinken oder Speck und Gewürzen für die schnelle Küche wird mittlerweile angeboten.

Sauerkraut wird im Handel meistens in Dosen und Beuteln, manchmal auch in Gläsern angeboten.

Gänsebrust mit Mango-sauerkraut

- Braucht etwas Zeit
- Für Gäste

Für 4 Personen:

1 frische Gänsebrust
4 EL Öl
10 Wacholderbeeren
1 TL Zitronenpfeffer
1 kleine Zwiebel
1 EL Gänseschmalz
500 g frisches Sauerkraut
1/8 l süßer Weißwein (Sauternes)
1/8 l Brühe (Instant) · Salz
1 Stück frischer Ingwer (etwa walnußgroß)
2 reife Mangos
2 EL Limettensaft
3 Prisen Cayennepfeffer
1 EL rosa Pfefferkörner

Zubereitungszeit: 1 1/2 Std.
Marinierzeit: 12 Std.

Pro Portion ca.: 3500 kJ/840 kcal
33 g EW/67 g F/25 g KH

1 Von der Gänsebrust die Filets auslösen. Das Fleisch mit 1 EL Öl bestreichen, mit zerdrückten Wacholderbeeren und Pfeffer würzen. In Klarsichtfolie 12 Std. im Kühlschrank marinieren.

2 Die Zwiebel schälen, klein würfeln und im Schmalz andünsten. Das Sauerkraut, Wein und Brühe hinzufügen, mit Salz würzen und zugedeckt 20 Min. garen.

3 Den Ingwer schälen und kleinhacken. Die

Mangos schälen, von einer Frucht das Fleisch in dünnen Spalten vom Stein lösen. Mit dem Limettensaft beträufeln und abgedeckt zur Seite stellen.

4 Aus der zweiten Mango mit einem Kugelausstecher Kugeln ausstechen. Fruchtfleischreste hacken, mit dem Ingwer unter das Sauerkraut rühren und mitköcheln lassen. Das fertige Kraut mit Cayennepfeffer abschmecken. Die Mangokugeln untermischen.

5 In einer Pfanne das restliche Öl erhitzen, die Gänsebrustfilets salzen und von jeder Seite 8–10 Min. braten. In Scheiben schneiden und mit dem Sauerkraut, Mangospalten und Pfefferkörnern anrichten.
Dazu schmecken Kartoffelkroketten oder gebratene kleine Kartoffeln.

TIP!

Statt Gänsebrust können Sie auch Enten- oder Putenbrust verwenden. Marinade dann mit etwas Sojasauce, Chilipulver und Zucker würzen.

Nudeln mit fritiertem Sauerkraut

● Vegetarisch
● Für Gäste

Für 4 Personen:

400 g frisches Sauerkraut
1 Stange Lauch
300 g Fritierfett (gehärtetes Pflanzenfett, Butterschmalz)
Salz
400 g Spirelli
250 g Gorgonzolakäse
1 Knoblauchzehe
200 g Sahne
4 EL Milch
1/2 TL Zitronensaft
weißer Pfeffer
Muskatnuß, frisch gerieben

Zubereitungszeit: 1 1 /2 Std.

Pro Portion ca.: 3580 kJ/860 kcal
31 g EW/49 g F/68 g KH

1 Das Sauerkraut in einem Küchentuch gut ausdrücken und auseinanderpflücken. Nur das Lauchgrün putzen und in feine Ringe schneiden. Das Fritierfett in einem Topf erhitzen (s. Tip).

2 Das Sauerkraut portionsweise in 6–8 Min. goldbraun und knusprig fritieren. Dabei mit einer Gabel das Kraut öfter bewegen. Mit einem Schaumlöffel herausheben, auf Küchenpapier gut abtropfen lassen und salzen. Fertiges Sauerkraut im Backofen bei 100° warm halten. An-schließend Lauch fritieren, abtropfen lassen und salzen. Lauch ebenfalls warm halten.

3 Die Nudeln nach Packungsanweisung in Salzwasser gar kochen.

4 Inzwischen für die Sauce den Käse klein würfeln, den Knoblauch schälen. In einem Töpfchen Sahne und Milch aufkochen. Nach und nach den Käse einrühren. Sauce aufkochen lassen, mit Zitronensaft, Salz, Pfeffer, Muskat und durchgepreßtem Knoblauch abschmecken.

5 Die Nudeln mit Gorgonzolasahne anrichten, auf jede Portion Sauerkraut und Lauch verteilen.

T I P !

Um zu prüfen, ob das Fett zum Fritieren heiß genug ist, einen hölzernen Kochlöffelstiel hineintauchen. Wenn reichlich Bläschen aufsteigen, können Sie mit dem Fritieren beginnen. Fritiertes Sauerkraut schmeckt ebenfalls ausgezeichnet zu pochierten oder gebratenem Fisch.

Russische Sauerkraut-piroggen

● Für Gäste
● Spezialität

Für 4 Personen:

40 g getrocknete Misch-
pilze
1 Packung tiefgekühlter
Hefeteig (450 g Inhalt)
100 g Räucherspeck
2 Zwiebeln
1 EL Butterschmalz
1 kleine Dose Weinsauer-
kraut (300 g Inhalt)
100 ml Weißwein (ersatz-
weise Fleischbrühe)
je 1 TL Kümmel- und
Korianderkörner
Salz · Pfeffer
1/2 TL Cayennepfeffer
1 TL Zucker
250 g saure Sahne · 1 Ei
2 EL gehackter Schnitt-
lauch
Mehl für die Arbeitsfläche

Zubereitungszeit: 1 Std.
Einweichzeit: 1 Std.
Ruhezeit: 1 Std.

Pro Portion ca.: 2685 kJ / 640 kcal
22 g EW / 28 g F / 72 g KH

1 Die Pilze 1 Std. in
warmem Wasser einwei-
chen. Den Hefeteig auf-
tauen lassen, dann durch-
kneten und 15 Min. ru-
hen lassen.

2 Den Speck und die
geschälten Zwiebeln in
kleine Würfel schneiden.
Speck und Zwiebeln im
Schmalz anbraten. Das
Sauerkraut klein schnei-
den und mit dem Wein
hinzufügen.

3 Pilze ausdrücken,
kleinhacken und unter
das Kraut mischen. Küm-
mel und Koriander im
Mörser zerstoßen, mit
Salz, Pfeffer, Cayenne-
pfeffer und Zucker zum
Kraut geben. Zugedeckt
15 Min. garen lassen. Et-
was abkühlen lassen und
2 EL saure Sahne unter-
rühren.

4 Den Hefeteig auf
einer bemehlten Arbeits-
fläche dünn ausrollen.
16 Quadrate von je
10 x 10 cm ausschneiden.

5 Jeweils auf eine Seite
der Quadrate 1 EL Kraut
setzen. Das Ei trennen,
Teigränder mit Eiweiß be-
streichen. Die freie Teig-
ecke über die Krauthälfte
schlagen und die Ränder
fest zusammendrücken.

6 Die Teigtaschen auf
ein mit Backpapier be-
legtes Blech legen und
45 Min. ruhen lassen.

7 Den Backofen auf
200° vorheizen. Die Pi-
roggen mit Eigelb bestreichen, im Ofen 30 Min.
goldbraun backen. Unter
die restliche Sahne den
Schnittlauch rühren, als
Dip dazu servieren.

Blutwurstravioli mit Rote-Bete-Kraut

● Für Gäste
● Braucht etwas Zeit

Für 4 Personen:

2 große rote Beten (etwa
500 g)
500 g mehligkochende
Kartoffeln
1 TL Kümmelkörner
Salz · weißer Pfeffer
2 Eigelbe
4 EL Speisestärke
Muskatnuß, frisch gerieben
1 kleine Lauchstange
200 g Blutwurst
3 EL Butter
2 EL Crème fraîche
1/2 TL Majoran
500 g gekochtes
Sauerkraut (Seite 28)
2 EL Zucker
8 EL Orangensaft
4 EL Butterschmalz
Mehl für die Arbeitsfläche

Zubereitungszeit: 2 1/2 Std.

Pro Portion ca.: 2280 kJ / 545 kcal
14 g EW / 34 g F / 45 g KH

1 Rote Beten und
Kartoffeln waschen. Rote
Beten in Kümmelwasser
1 Std. kochen. Kartoffeln
in 25 Min. gar kochen.

2 Die Kartoffeln pellen
und durchpressen. Mit
Salz, Pfeffer, 1 Eigelb,
Speisestärke und Muskat
zu einem glatten Teig
verkneten.

3 Den Lauch putzen, in
feine Ringe schneiden.
Die Blutwurst klein

würfeln. In 1 EL Butter
den Lauch andünsten und
abkühlen lassen. Crème
fraîche und Blutwurst
untermischen, mit Majo-
ran und Pfeffer würzen.

4 Den Kartoffelteig
1/2 cm dick ausrollen und
mit einem Glas von 8 cm
Durchmesser ausstechen.
Auf jede Teigkreishälfte
1 TL Wurstfülle geben.
Die Ränder mit Eigelb
bestreichen, zusammen-
klappen und mit den
Zinken einer Gabel oder
mit den Fingern gut an-
drücken.

5 Die gekochten Beten
schälen, mit einem Ku-
gelausstecher (Ø 2,5 cm)
20 schöne Kugeln aus-
stechen. Restliches
Fruchtfleisch kleinhacken.

6 Salzwasser zum
Kochen bringen. Die
Ravioli im siedenden
Salzwasser 10 Min. ziehen
lassen.

7 Inzwischen den
Zucker in einer Pfanne
schmelzen und leicht
karamelisieren. Restliche
Butter darin zerlassen,
Orangensaft dazugießen
und etwas einköcheln
lassen. Die Kugeln darin

unter Schwenken und Begießen 5 Min. ziehen lassen. Mit Salz und Pfeffer würzen.

8 Die Ravioli aus dem Wasser heben und gut abtropfen lassen. In heißem Butterschmalz von beiden Seiten goldgelb braten. Das Sauerkraut erhitzen, das Rote-Bete-Fruchtfleisch daruntermischen.

9 Auf jeden Teller Ravioli, Kraut und glasierte rote Beten dekorativ anrichten.

TIP!

Rote Bete gibt es bereits fertig gegart und in Beutel verpackt im Supermarkt.

**Im Bild oben: Russische Sauerkrautpiroggen
Im Bild unten: Blutwurstravioli mit Rote-Bete-Kraut**

Kleine Strudel auf Paprikasauce

● Spezialität
● Für Gäste

Sie können pro Person einen ganzen Strudel als Hauptspeise oder jeweils 2 Stücke als kleine warme Vorspeise servieren.

Für 4–8 Personen:

Für die Paprikasauce:
4 gelbe Paprikaschoten (etwa 600 g)
1 Zwiebel
1 Knoblauchzehe
2 EL Butter
400 ml Gemüsefond (aus dem Glas)
Salz · weißer Pfeffer
je 1 kleine rote und grüne Paprikaschote
3–4 Prisen Cayennepfeffer
1 TL Zucker
150 g Crème fraîche
Für die Strudel:
300 g tiefgefrorener Blätterteig (4 Scheiben)
2 gekochte Pellkartoffeln
2 frische kleine Leberwürste (220 g)
350 g gekochtes und abgekühltes Sauerkraut (Seite 28) oder fertiges aus der Dose
1 Ei
1/2 TL getrockneter Majoran
2 EL Milch
1 Eigelb
1 Bund Dill
Mehl für die Arbeitsfläche

Zubereitungszeit: 2 Std.

Pro Portion ca.: 2280 kJ/550 kcal
16 g EW/40 g F/31 g KH

1 Die gelben Paprikaschoten vierteln, putzen, waschen und in kleine Stücke schneiden. Die Zwiebel und Knoblauchzehe schälen und klein würfeln.

2 In einem Topf die Butter erhitzen, Zwiebel- und Knoblauchwürfel andünsten. Die Paprikastückchen und den Gemüsefond hinzufügen, mit Salz und Pfeffer würzen und alles 20 Min. bei schwacher Hitze köcheln lassen.

3 Inzwischen die Blätterteigscheiben auseinanderlegen und in 10 Min. auftauen lassen. Die Kartoffeln pellen und in eine Schüssel raspeln. Von den Leberwürsten die Haut abziehen und hinzufügen. Das Sauerkraut ausdrücken und mit dem Ei dazugeben. Die Kartof-

feln mit allen anderen Zutaten gründlich vermischen und mit Salz, Pfeffer und Majoran abschmecken. Den Backofen auf 200° vorheizen.

4 Auf einer bemehlten Arbeitsfläche den Blätterteig in 4 getrennten Teilen sehr dünn ausrollen (etwa 20 x 25 cm). Auf jedes Teigstück jeweils ein Viertel der Krautmasse längs in die Mitte geben.

5 Die Seiten über das Kraut schlagen, aufrollen und die Ränder mit Eigelb bestreichen.

6 Strudel mit der Naht nach unten auf ein mit Backpapier belegtes Blech legen. Restliches Eigelb

mit der Milch mischen und die Strudeloberflächen bestreichen. Im Backofen (Mitte, Umluft 180°) 35 Min. backen.

7 Die rote und grüne Paprikaschote putzen, waschen und in kleine Würfel schneiden. Die weichen gelben Paprika mit einem Pürierstab pürieren. Die roten und grünen Paprikawürfel hinzufügen, mit Cayennepfeffer und Zucker würzen. Sauce 8 Min. köcheln lassen und zum Schluß zwei Drittel der Crème fraîche unterrühren. Dill waschen und Dillspitzen abzupfen.

8 Zum Servieren auf jeden Teller einen Saucenspiegel geben. Die Strudel jeweils schräg in 4 Stücke schneiden und auf jeden Teller 2 Stücke setzen (oder im Ganzen servieren). Mit einem Klecks Crème fraîche und Dill garnieren.

Muschelpfanne mit Chilikraut

● Spezialität
● Kalorienarm

Für 4 Personen:

1,5 kg kleine frische Miesmuscheln
3 Schalotten
1 Knoblauchzehe
5 EL Butter
1/8 l trockener Weißwein
1 Lorbeerblatt
1 TL Pfefferkörner
Salz
3 rote Chilischoten
2 EL Butter
2 Beutel gekochtes Weinsauerkraut (je 260 g Inhalt)
1/4 TL Chilipulver
2 EL gehackte Petersilie

Zubereitungszeit: 1 1/2 Std.

Pro Portion ca.: 1350 kJ/320 kcal
20 g EW/21 g F/8 g KH

1 Die Muscheln unter fließendem Wasser gründlich waschen und abbürsten. Offene und beschädigte Muscheln wegwerfen. Den Bart mit einem kleinen Messer herausreißen.

2 Schalotten und Knoblauch schälen, grob hakken. In einem großen Topf 2 EL Butter erhitzen, Schalotten und Knoblauch glasig andünsten. Die Muscheln dazugeben. Den Wein und 1/8 l Wasser dazugießen. Lorbeerblatt, Pfefferkörner, etwas Salz und 1 Chilischo-
te hinzufügen. Zugedeckt 6–8 Min. garen, bis sich die Muscheln geöffnet haben. Dabei zwischendurch umrühren, nicht geöffnete Muscheln wegwerfen.

3 Die Muscheln in ein Sieb schütten, den Sud auffangen. Das Muschelfleisch aus den Schalen lösen und zurück in den Sud legen.

4 Festliche Chilischoten putzen, die Kerne entfernen. Schote in feine Ringe schneiden. In einer Pfanne die restliche Butter erhitzen, das Sauerkraut dazugeben und erhitzen. Mit Chilipulver abschmecken. Die Muscheln mit dem Sud unter das Kraut mischen, frische Chilischoten und Petersilie darüber streuen.

TIP!

Als knusprige Beilage schmeckt herzförmig ausgestochenes und in Knoblauchbutter goldgelb gebratenes Toastbrot dazu.

Fischcurry mit Ananas-kraut

● Für Gäste
● Braucht etwas Zeit

Für 4 Personen:

Für das Sauerkraut:
1 Zwiebel
2 EL Butter
500 g frisches Sauerkraut
2 Lorbeerblätter · Salz
je 1 TL weiße Pfeffer- und Korianderkörner
1/4 l Weißwein (ersatzweise Gemüsefond)
1/8 l Ananassaft
1/2 frische Ananas (ersatzweise 1 Dose Ananasstückchen, 300 g Inhalt)
1 EL Zucker
Für das Fischcurry:
500 g Seelachsfilet
8 geschälte, rohe Garnelen
Salz · 3 EL Sojasauce
3 EL Zitronensaft
2 EL Curry
1 Stück frischer Ingwer (etwa walnußgroß)
2 EL Butterschmalz
150 g Crème fraîche
2 EL Kokosraspel
1/2 Bund Koriander

Zubereitungszeit: 1 1/2 Std.

Pro Portion ca.: 2150 kJ / 510 kcal
33 g EW / 28 g F / 23 g KH

1 Die Zwiebel schälen, klein würfeln und in 1 1/2 EL Butter andünsten. Sauerkraut, Lorbeerblätter und 2 Prisen Salz dazugeben.

2 Pfeffer- und Koriander in eine Pfeffermühle geben und über dem Kraut vermahlen. Den Wein (4 EL davon aufheben) und Saft angießen und das Kraut zugedeckt bei milder Hitze 30 Min. garen.

3 Inzwischen die Ananas schälen, das Fruchtfleisch ohne Strunk in kleine Würfel schneiden. 10 Min. vor Garzeitende die Hälfte der Würfel und den Zucker unter das Kraut mischen, durchziehen lassen und nochmals abschmecken.

4 Den Fisch in 3 cm große Stücke schneiden. Fisch und Garnelen mit Salz, Sojasauce, Zitronensaft und 1 EL Curry würzen. Den Ingwer schälen, dazupressen und alles durchmischen.

5 Butterschmalz in einer Pfanne erhitzen. Das Fischgemisch 5 Min. braten, vorsichtig wenden.

6 Die Crème fraîche mit dem restlichen Wein, Ananasstückchen, Curry und Kokosraspeln verrühren. Diese Mischung über den Fisch geben und erhitzen. Das Koriandergrün waschen, die Blättchen abzupfen und über das fertige Gericht streuen.

Zanderklößchen mit zweierlei Kraut

- Für Gäste
- Braucht etwas Zeit

Für 4–6 Personen:

Für den Fischsud:
Kopf, Gräten und Ab-
schnitte vom Zander (vom
Fischhändler mitgeben
lassen)
2 Bund Suppengrün
Salz
1 Zwiebel
10 Pfefferkörner
1/4 l trockener Weißwein
Für die Fischklößchen:
400 g Zanderfilet
Salz · weißer Pfeffer
3 EL Noilly Prat (französi-
scher Wermut, nach Be-
lieben)
150 g Crème fraîche
1 TL Zitronensaft
Für das Sauerkraut:
2 Beutel servierfertiges
Weinsauerkraut (aus dem
Beutel, je 260 g Inhalt oder
selbst gekochtes, Seite 28)
1 Orange
je 2 Prisen Paprika, edelsüß und Korianderpulver
2 EL gehackte Walnüsse
2 Prisen Currypulver
2 EL Senfkeimlinge nach
Belieben
1/2 Bund Dill

Zubereitungszeit: 2 Std.
Bei 6 Personen pro Portion ca.:
1250 kJ/300 kcal
18 g EW/16 g F/10 g KH

1 Für den Sud die Fisch-
abfälle waschen und in
einen Topf geben. 1/2 l
Wasser dazugießen und
zum Kochen bringen. Das
Suppengrün putzen und
die Zwiebel schälen, alles
grob zerkleinern und hin-
zufügen. Salz, Pfefferkörner und Wein dazugeben
und den Sud 30 Min.
köcheln lassen.

2 Den Fisch in kleine
Stücke schneiden und im
Blitzhacker zerkleinern.
Durch ein feines Sieb in
eine Schüssel streichen.

3 Diese Farce kräftig mit
Salz und Pfeffer würzen.
Noilly Prat, 100 g Crème
fraîche und Zitronensaft
unterrühren und alles zu
einer festen, aber ge-
schmeidigen Masse ver-
rühren. Etwa 20 Min. kalt
stellen.

4 Den Fischsud durch
ein Sieb in einen breiten
Topf gießen und sieden
lassen. Aus der Zander-
farce mit einem ange-
feuchteten Eßlöffel Nok-
ken abstechen. In die
Brühe geben und 10 Min.
darin ziehen lassen.

5 Das Sauerkraut ge-
trennt in zwei Töpfchen
erhitzen. Die Orange
schälen, filetieren und
das Fruchtfleisch klein
würfeln. Mit dem dabei
austretenden Saft unter
einen Teil des Krautes
mischen. Restliche Crème
fraîche dazugeben, mit
Paprika und Koriander
abschmecken.

6 Unter das Kraut im
zweiten Topf die Nüsse
mischen und mit Curry
abschmecken.

7 Auf jeden Teller zwei
Sorten Sauerkraut setzen
(das geht am besten mit
einem Eisportionierer).
Über das Walnußkraut
einige Senfkeimlinge
streuen. Die Zanderklöß-
chen mit einem Schaum-
löffel aus dem Sud heben
und daneben anrichten.
Mit Dillspitzen garniert
servieren.

TIP!

Sie können die Zander-
klößchen als kleine
warme Vorspeise oder
auch als Zwischengericht
servieren. Reichen Sie
Toastherzen (siehe Tip
Seite 50) oder Pommes
Dauphines dazu.
Für Saucenliebhaber: Aus
dem würzigen Fischfond
läßt sich zusätzlich eine
köstliche Sauce her-
stellen. Dafür gehackte
Schalotten in Butter
anschwitzen, etwas
Fischfond, Wein und
Sahne dazugießen und
einköcheln lassen. Ab-
schmecken und mit 1 Ei-
gelb legieren.

Hechtfilets auf Champagnerkraut

● Für Gäste
● Spezialität

Für 4 Personen:

500 g frisches Sauerkraut
2 Zwiebeln
1 Möhre
2 Äpfel (Cox Orange)
50 g Räucherspeck
3 EL Butterschmalz
2 Lorbeerblätter
2 Nelken
Salz · weißer Pfeffer
1 1/2 TL Zucker
1/2 l Champagner brut
800 g Hechtfilets (ohne Haut)
1 Zitrone
2 EL Mehl
150 g Butter
2 EL gehackte Petersilie
4 EL Sahne

Zubereitungszeit: 1 1/4 Std.

Pro Portion ca.: 3765 kJ/900 kcal
43 g EW/58 g F/32 g KH

1 Das Sauerkraut waschen und abtropfen lassen. Zwiebeln, Möhre und Äpfel schälen. Die Zwiebeln klein würfeln, Möhre und Äpfel grob raspeln. Den Speck in dünne Streifen schneiden.

2 In einem Topf das Schmalz zerlassen, den Speck anbraten. Die Zwiebeln und Möhrenraspel dazugeben, alles unter Rühren anschwitzen. Das Sauerkraut, Apfelraspel, Lorbeerblätter, Nelken, Salz, Pfeffer und Zucker hinzufügen. Den Champagner dazugießen, das Kraut zugedeckt bei milder Hitze 35 Min. garen, dabei öfter umrühren.

3 Hechtfilets salzen und leicht mit Mehl bestäuben. Zitrone längs halbieren und aus einer Hälfte 4 Spalten schneiden.

4 In einer großen Pfanne die Butter erhitzen (nicht braun werden lassen!), die Hechtfilets darin von jeder Seite 3–4 Min. braten. Mit Pfeffer und dem Saft der zweiten Zitronenhälfte würzen. Zwischendurch mit der Bratbutter begießen. Die Petersilie in der Butter schwenken und auf den Filets verteilen.

5 Die Sahne unter das Kraut mischen, mit den Hechtfilets und Zitronenspalten anrichten. Die Hechtfilets mit Salzkartoffeln servieren.

TIP!

Hechtfleisch ist mager, fest und aromatisch. Beim Braten deshalb nicht mit Fett sparen.

Sächsischer Lachsauflauf

- ● Gelingt leicht
- ● Für Gäste

Für 4 Personen:

4 Scheiben Lachsfilet ohne Haut (je etwa 200 g)
1 unbehandelte Zitrone
Salz · weißer Pfeffer
100 g Butter
1 Dose Champagner-Sauerkraut (fertig gegart, 400 g Inhalt)
1/4 l Weißwein
200 g Crème fraîche

Vorbereitungszeit: 30 Min.
Backzeit: 30 Min.

Pro Portion ca.: 3540 kJ/850 kcal
43 g EW/68 g F/6 g KH

1 Die Lachsscheiben abspülen und trockentupfen. Die Zitrone waschen, die Schale abreiben und den Saft auspressen. Den Lachs von jeder Seite mit Zitronensaft, Salz und Pfeffer würzen.

2 Die Butter (1 TL für die Form aufheben) in einem Pfännchen zerlassen. 1 Prise Salz hinzufügen und leicht bräunen lassen. Den Backofen auf 200° vorheizen.

3 Eine Auflaufform mit der restlichen Butter ausstreichen. Den Boden locker mit Sauerkraut bedecken und etwas Zitronenschale darüber streuen. 2 Scheiben Lachsfilet darauf legen

und den Fisch mit der braunen Butter bestreichen. Mit Sauerkraut bedecken und wieder etwas Zitronenschale darüber streuen.

4 Auf das Sauerkraut die anderen beiden Lachsscheiben legen, wieder mit Butter bestreichen und mit dem restlichen Kraut bedecken. Übrige Zitronenschale verteilen.

5 Den Wein mit der Crème fraîche verrühren und mit etwas Salz und Pfeffer würzen. Über das Kraut gießen und den Auflauf im Backofen (Mitte, Umluft 180°) 30 Min. backen.
Servieren Sie dazu kleine Petersilien- oder Salzkartoffeln.

TIP!

Dazu paßt ein trockener Weißwein aus Meißen oder ein leichter Riesling aus dem Elbtal.

West–Östliches Hähnchen

● Gelingt leicht
● Braucht etwas Zeit

Für 4 Personen:

500 g kleine festkochende Kartoffeln
1 TL Kreuzkümmel
4 Frühlingszwiebeln
1 Stück frischer Ingwer (etwa walnußgroß)
4 EL Öl
1 EL Sesamöl
500 g frisches Sauerkraut
2 Nelken
1 EL Currypulver
1 EL brauner Zucker
400 ml Gemüsefond (aus dem Glas)
400 g Hähnchenbrustfilet ohne Haut
Salz · weißer Pfeffer
2 EL Butter
1 EL Mehl
1/4 l Milch
1/8 l Weißwein
50 g frisch geriebener Käse (Gouda, Gruyère)

Zubereitungszeit: 2 Std.

Pro Portion ca.: 2580 kJ/620 kcal
35 g EW/28 g F/45 g KH

1 Die Kartoffeln waschen und in einen Topf geben. Mit Wasser bedecken, den Kümmel hinzufügen und in 25 Min. gar kochen. Abgießen und ausdämpfen lassen.

2 Inzwischen die Zwiebeln putzen und in Ringe schneiden. Den Ingwer schälen und kleinhacken.

3 In einem Topf 2 EL Öl und das Sesamöl erhitzen, die Zwiebeln darin andünsten. Sauerkraut, Nelken, 1/2 EL Curry, Zucker und die Brühe dazugeben. Bei schwacher Hitze zugedeckt 45 Min. köcheln lassen.

4 Das Hähnchenfleisch waschen, trockentupfen und in dünne Scheiben schneiden. In einer Pfanne das restliche Öl erhitzen, das Fleisch 3–4 Min. anbraten, dabei mit Salz und Pfeffer würzen.

5 Das Fleisch herausnehmen, 1 EL Butter zerlassen und das Mehl einrühren. Milch und Wein dazugießen, dabei kräftig rühren. Die Sauce 5 Min. durchköcheln lassen, mit dem restlichem Curry würzen. Den Backofen auf 200° vorheizen.

6 Die Kartoffeln pellen und halbieren. Eine große Auflaufform mit der restlichen Butter ausfetten. Lagenweise Sauerkraut, Kartoffeln und Hähnchenfleisch einschichten. Die Sauce darüber gießen und mit dem Käse bestreuen. Im Backofen (Mitte, Umluft 180°) in 30 Min. goldgelb backen.

Putenschnitzel und Feigenweinkraut

● Schnell
● Für Gäste

Für 4 Personen:

1 Zwiebel
3 EL Butterschmalz
1 Dose Weinsauerkraut (550 g Inhalt)
1/4 l trockener Weißwein
200 g getrocknete Feigen
6 frische Feigen
6 EL Marsala
4 Putenschnitzel (je 120 g)
Salz · Pfeffer
4 Prisen Cayennepfeffer
200 g Crème fraîche

Zubereitungszeit: 30 Min.

Pro Portion ca.: 2050 kJ/490 kcal
33 g EW/27 g F/16 g KH

1 Die Zwiebel schälen und klein würfeln. In einem Topf 1 EL Schmalz erhitzen, die Zwiebeln glasig andünsten. Das Sauerkraut hinzufügen und bis auf 4 EL den Wein dazugießen. Die getrockneten Feigen vierteln und unter das Kraut mischen. Das Sauerkraut bei geringer Hitze zugedeckt 30 Min. garen.

2 Während das Kraut kocht, die frischen Feigen vorsichtig schälen, halbieren und mit 4 EL Marsala beträufeln.

3 Die Putenschnitzel abspülen und trockentupfen. Leicht klopfen, mit Salz, Pfeffer und Cayennepfeffer würzen.

4 In einer Pfanne das restliche Butterschmalz erhitzen. Die Schnitzel darin von jeder Seite 3–4 Min. braten. Herausheben und warm stellen.

5 Den Bratansatz mit dem restlichen Wein und Marsala ablöschen. Die Crème fraîche einrühren, einmal aufkochen lassen und mit Salz und Pfeffer abschmecken.

6 Die Schnitzel jeweils mit 3 frischen Feigenhälften, etwas Sauce und Sauerkraut servieren. Dazu schmecken knusprige Bratkartoffeln.

Im Bild oben: Putenschnitzel und Feigenweinkraut
Im Bild unten: West-Östliches Hähnchen

Kirchweihgans mit Quittensauerkraut

● Für Gäste
● Braucht etwas Zeit

Eine knusprig gebratene Gans ist nicht nur zur Kirchweih im Oktober ein willkommener Festbraten. Auch als Weihnachtsessen ist eine Gans traditionsgemäß mit am beliebtesten.

Für 4–6 Personen:

Für die Gans:
1 junge Gans (etwa 3–3,5 kg, küchenfertig vorbereitet)
Salz · Pfeffer
2 kleine Äpfel (Boskop)
4 Stengel Beifuß
1 TL Speisestärke
Für das Sauerkraut:
1 Stück frischer Ingwer (etwa walnußgroß)
1 Zwiebel
3 EL Gänseschmalz
2 EL Zucker
500 g frisches Sauerkraut
1/4 l Weißwein
1/4 l Apfelsaft
Salz · Pfeffer
500 g Quitten
1 1/2 EL Apfelessig

Zubereitungszeit: 3 Std.

Bei 6 Personen pro Portion ca.:
5650 kJ/1350 kcal
54 g EW/111 g F/27 g KH

1 Das Gänseklein aus der Gans nehmen und anderweitig verwenden (siehe Tip). Die Gans waschen, trockentupfen und innen mit Salz und Pfeffer ein-reiben. Die Äpfel waschen, vom Beifuß die kleinen bitteren Blättchen entfernen. Äpfel und Beifuß-stengel in die Gans legen und die Öffnung zustecken. Die Gans außen salzen. Den Backofen auf 200° vorheizen.

2 Die Gans mit der Brust nach unten in einen Bräter legen und 1/4 l heißes Wasser angießen. Zugedeckt im Ofen (unten, Umluft 180°) 1 Std. braten.

3 Inzwischen den Ingwer und die Zwiebel schälen und in kleine Würfel schneiden.

4 Das Gänseschmalz in einem Topf erhitzen, den Zucker einrühren und ganz leicht karamelisieren lassen. Die Zwiebel- und Ingwerwürfel hinzufügen, 1 Min. unter Rühren an-dünsten und das Sauer-kraut dazugeben. Den Wein und Apfelsaft dazu-gießen, mit Salz und Pfef-fer würzen und 35 Min. zugedeckt bei schwacher Hitze köcheln lassen.

5 Die Quitten schälen und waschen. Auf der Rohkostreibe bis zum Kerngehäuse raspeln und mit dem Essig vermischen. Nach 35 Min. Kochzeit die Quitten unter das Sauerkraut mengen und alles weitere 30 Min. zu-gedeckt köcheln lassen. Zwischendurch öfter um-rühren.

6 Die Gans nach 1 Std. auf den Rücken drehen, noch 1/4 l Wasser nach-gießen und 1 weitere Std. braten. Zwischendurch öfter mit dem Bratensaft begießen. Etwa 20 Min. vor Garzeitende den Deckel entfernen, die Hitze auf 225° hoch-schalten (Umluft 200°). Die Gans mit kaltem Salzwasser bestreichen, damit sie schön knusprig wird.

7 Ist die Gans durchge-braten, vom Bratfond das Fett abschöpfen und die Röststoffe mit einem Pinsel ablösen. Die Spei-sestärke in kaltem Wasser anrühren und die Sauce damit binden. Die Gans zerteilen und mit dem Quitten-Sauerkraut ser-vieren.
Dazu schmecken kleine Brezenknödel oder Kar-toffelklöße.

TIP!

Braten Sie eine größere Gans (etwa 4–5 kg), so verlängert sich die Gar-zeit um etwa 1 Std. Aus dem Gänseklein und etwas Gemüse können Sie eine kräftige Brühe kochen. Das Fleisch ab-lösen und mit gekochten Nudeln und reichlich frischer Petersilie in die Brühe geben.

Fasan auf Traminerkraut

● Für Gäste
● Braucht etwas Zeit

Für 4–6 Personen:

2 junge küchenfertige Fasane (je etwa 700 g)
Salz · Pfeffer
2 TL getrockneter Thymian
20 angedrückte Wacholderbeeren
4 EL weiche Butter
100 g fetter Speck in dünnen Scheiben
300 g weiße, kernlose Trauben
1 Dose Weinsauerkraut (Inhalt 850 g)
2 Lorbeerblätter
1/2 l Gewürztraminer

Vorbereitungszeit: 1 Std.
Garzeit: 1 1/2 Std.

Pro Portion ca.: 2940 kJ/700 kcal
31 g EW/33 g F/11 g KH

1 Einen mittelgroßen Römertopf 1/2 Std. mit kaltem Wasser bedeckt wässern. Die Fasane waschen und trockentupfen, eventuelle Federkiele mit einer Pinzette entfernen. Innen und außen mit Salz und Pfeffer würzen.

2 Den Thymian mit der Hälfte der Wacholderbeeren und Butter gründlich verkneten. Jeden Fasan innen damit ausstreichen. Die Brust und Schenkel dicht mit Speck belegen und mit Küchengarn fest einbinden.

3 Die Trauben waschen, von den Stielen lösen und locker mit dem Sauerkraut im gewässerten Römertopf verteilen. Restliche Wacholderbeeren und die Lorbeerblätter hinzufügen. Den Wein angießen, die Fasane auf das Kraut legen und die Form schließen. Den Römertopf in den kalten Backofen stellen und die Fasane bei 200° 1 1/2 Std. garen.

4 15 Min. vor Garzeitende den Deckel abnehmen, das Küchengarn und die Speckscheiben entfernen. Die Fasane mit etwas kaltem Salzwasser bepinseln und bräunen lassen. Fasane längs zerteilen und mit dem Sauerkraut servieren.

> **TIP!**
> Als Beilage schmeckt Kartoffelpüree mit untergemischten knusprig gebratenen kleinen Speckwürfeln.

Gefülltes Perlhuhn mit Apfelkraut

● Braucht etwas Zeit
● Für Gäste

Für 4 Personen:

1 küchenfertiges Perlhuhn (etwa 1,3 kg)
Salz · Pfeffer
1 TL unbehandelte, abgeriebene Zitronenschale
4 Scheiben Toastbrot
3 EL Portwein
100 g Hähnchenleber
2 Schalotten
1 Bund gemischte Kräuter (Schnittlauch, Dill, Basilikum)
100 g Tatar
50 g gehackte Mandeln
1 Ei
1 1/2 EL weiche Butter
2 Zwiebeln
1 Bund Suppengrün
2 EL Butterschmalz
150 g Crème fraîche
Für das Apfelkraut:
1 kleine Zwiebel
2 EL Gänseschmalz
500 g rohes Sauerkraut
1 EL milder Honig
1 Flasche Piccolo Sekt (ersatzweise 0,25 l Apfelsaft)
8 angedrückte Wacholderbeeren
2 Äpfel
1 EL Butter

Vorbereitungszeit: 1 1/4 Std.
Garzeit: 1 1/4 Std.

Pro Portion ca.: 3140 kJ/750 kcal
48 g EW/40 g F/47 g KH

1 Das Perlhuhn gründlich waschen, eventuelle Federkiele entfernen. Trockentupfen und innen mit Salz, Pfeffer und Zitronenschale einreiben. Das Toastbrot in kleine Würfel schneiden und in dem Portwein einweichen.

2 Die Hähnchenleber sehr fein hacken. Schalotten schälen und in kleine Würfel schneiden. Kräuter waschen, die Blättchen fein hacken. Brot, Leber, Schalotten, Kräuter, Tatar, Mandeln und das Ei in einer Schüssel verkneten. Die Masse pikant mit Salz und Pfeffer würzen.

3 Den Backofen auf 200° vorheizen. Die Füllung in den Hähnchenbauch drücken, die Öffnung mit Holzspießchen zustecken und mit Küchengarn verschließen. Das Perlhuhn mit Butter bestreichen, mit Salz und Pfeffer würzen.

4 Zwiebeln und Suppengrün schälen, putzen und grob würfeln. In einem Bräter das Schmalz erhitzen, das Gemüse kurz anrösten. Das Perlhuhn in den Topf setzen, 1 Tasse Wasser angießen und zugedeckt im Backofen (Mitte, Umluft 180°) 1 1/4 Std. braten. Zwi-

schendurch öfter mit dem Bratensaft begießen.

5 Inzwischen für das Apfelkraut die Zwiebel schälen und klein würfeln. Das Gänseschmalz erhitzen, die Zwiebelwürfel darin andünsten. Sauerkraut, Honig, Sekt und Wacholderbeeren hinzufügen. Alles gut durchmischen und abgedeckt 30 Min. garen. 1 Apfel schälen, vierteln, entkernen, in Würfel schneiden und noch 15 Min. im Kraut mitköcheln lassen.

6 Den zweiten Apfel waschen, Stiel und Blütenansatz entfernen und das Kerngehäuse ausstechen. Quer 4 schöne Scheiben abschneiden und in der Butter von jeder Seite 1 Min. braten.

7 Das Perlhuhn aus dem Bräter heben und portionieren. Den Bratansatz durch ein Sieb drücken und mit der Crème fraîche verrühren. Das Apfelkraut jeweils auf den Apfelscheiben anrichten.
Dazu schmecken Kartoffelplätzchen oder Spätzle.

Im Bild oben: Fasan auf Traminerkraut
Im Bild unten: Gefülltes Perlhuhn mit Apfelkraut

Impressum

Redaktion: Christine Wehling
Lektorat: Bettina Bartz
Layout, Typographie, Umschlaggestaltung:
Heinz Kraxenberger
Satz und Herstellung: Renate Hausdorf
Produktion: Helmut Giersberg
Fotos: Reiner Schmitz, J. Dziemballa (Seite 24)
Reproduktion: Repro Schmidt, Dornbirn
Druck: Appl, Wemding
Bindung: Sellier, Freising
ISBN 3-7742-4181-3

Auflage	5.	4.	3.	2.	1.
Jahr	02	01	2000	99	98

Gudrun Ruschitzka

in Sachsen geboren, begann mit einem Facharbeiter-
brief als Köchin ihre berufliche Laufbahn. Die Biblio-
thekarschule in Leipzig und mehrere Semester Kunst-
geschichte vertieften die Interessen an Büchern, an
Kultur, an Lebensart. Seit 25 Jahren lebt sie in München, arbeitete bei einem internationa renommierten
Partyservice und hat bereits an vielen GU-Koch-
büchern mitgewirkt.

Reiner Schmitz

begann seine berufliche Laufbahn in Düsseldorf und
München als Assistent bei verschiedenen Food- und
Stillife-Fotografen. 1989 machte er sich als Foto-
Designer in diesen Spezialgebieten selbständig. Zu
seinen Kunden zählen Industrie, Werbeagenturen und
Verlage. Besonderen Wert legt Reiner Schmitz auf
stimmungsvolle Aufnahmen, die die natürliche Frische
der Lebensmittel wiedergeben. Die Fotos dieses Bu-
ches entstanden in enger Zusammenarbeit mit dem
Koch und Foodstylisten Rudolf Vornehm.

**GASHERD-
TEMPERATUR**

Die Temperaturstufen bei
Gasherden variieren von
Hersteller zu Hersteller.
Welche Stufe Ihres Her-
des der jeweils angege-
benen Elektroherd-Tem-
peratur entspricht, ent-
nehmen Sie bitte der Ge-
brauchsanweisung.

ABKÜRZUNGEN

TL = Teelöffel
EL = Eßlöffel
Msp. = Messerspitze

KJ = Kilojoules
Kcal = Kilokalorien
EW = Eiweiß
F = Fett
KH = Kohlenhydrate